Los 7 Acuerdos del Amor

DECISIONES QUE PUEDES HACER POR TI MISMO
PARA FORTALECER TU MATRIMONIO

*Experimente el poder de: la fidelidad,
la paciencia, el perdón, el servicio, el respeto, la gentileza y el elogio.*

Dr. DOUGLAS WEISS

Vida

DEDICADOS A LA EXCELENCIA

La misión de Editorial Vida es proporcionar los recursos necesarios a fin de alcanzar a las personas para Jesucristo y ayudarlas a crecer en su fe.

LOS 7 ACUERDOS DEL AMOR
© 2007 Editorial Vida
Miami, Florida

Publicado en inglés bajo el título:
The 7 Love Agreements
Por Siloam A Strang Company
© *2005 por Douglas Weiss*

Traducción: *José Falconi*

Edición: *Madeline Díaz*

Diseño interior: *Eugenia Chinchilla*

Diseño de cubierta: *Pablo Snyder*

ISBN – 10: 0-8297-4816-4
ISBN - 13: 978-0-8297-4816-1

Categoría: RELIGIÓN / Vida cristiana / Amor y matrimonio

Impreso en Estados Unidos de América
Printed in the United States of America

07   08   09   10   ❖   6   5   4   3   2   1

A LOS HÉROES
QUE SOSTIENEN LA MANO
DE SUS AMADOS
TODOS LOS DÍAS DE SUS VIDAS

CONTENIDO

Una relación matrimonial
mejor y más íntima
es un asunto del corazón

CAPÍTULO UNO

LOS ACUERDOS DEL AMOR

A penas había terminado de hablar en una conferencia para matrimonios cuando un matrimonio se dirigió hacia mí. Conforme respiraba hondo me pregunté: *¿Vendrán a mí con un problema matrimonial de treinta años o tendrán un asunto que tratar relacionado con algún hijo o hija?* Conforme comenzamos a conversar descubrí que Lorraine y Scott eran líderes de un pequeño grupo en una iglesia más o menos grande en el oeste central del país.

A Scott se le veía abrumado cuando comenzó a compartir. «Dr. Doug», me dijo, «tengo un hombre en nuestro pequeño grupo, y él y su esposa están teniendo problemas importantes. Mire, no han tenido intimidad física por años. No hacen nada juntos. En realidad, ni siquiera comen juntos».

Es probable que haya lucido ligeramente sorprendido. A pesar de que he aconsejado a muchos cónyuges que tienen dificultades similares, esta estaba llevando el «no gustarse el uno al otro» a un nivel nuevo por completo. Scott me dijo que este matrimonio asistía a la iglesia con regularidad y los dos profesaban a Jesús como su Señor. El hombre asistía al grupo celular de Scott cada semana, y su esposa también participaba en un grupo pequeño con regularidad.

Esta pareja comenzó su matrimonio de la manera como lo hacen otras tantas que luchan en la misma área. Tenían alrededor de veinte años cuando se conocieron en un grupo de solteros de la iglesia. Al principio de su relación socializaban con otros solteros de la congregación y a menudo disfrutaban de la compañía de otros y de sí mismos hasta altas horas de la noche.

Con el tiempo se relacionaron dentro de este grupo de solteros y comenzaron a salir juntos. Ellos invirtieron tiempo en dar grandes caminatas, comer juntos y conversar largamente en el carro, como lo hemos hecho la mayoría de nosotros. Oraron y buscaron al Señor y creyeron que deberían casarse. Pidieron el consejo de sus pastores, amigos y familia, y todos parecían pensar que era una gran idea.

Ella recorrió el camino al altar con el tono familiar de la «marcha nupcial» como millones de otras novias lo han hecho. Estaba hermosa, y él lucía muy apuesto, y salieron de la iglesia justo a la caída del sol.

La vida parecía normal. Salían a trabajar, pagaban sus cuentas e iban a la iglesia. Después del primer niño, las cosas cambiaron de modo significativo. Las faltas de cada uno se tornaron la fuente de las conversaciones. El juego de la culpa comenzó. El cansancio, la fatiga y las responsabilidades de la familia crecieron. Cada uno comenzó a retraerse a su propio mundo. Él se enfocó en el trabajo, ella en los niños. Ninguno lo hizo en el otro o en el matrimonio.

Al pasar el tiempo la distancia que había entre los dos se convirtió en silencio. Sí, estaban casados en papel, pero lentamente sus corazones se enfriaron con relación al otro.

Avanzando rápido al día actual, estos cónyuges experimentaban una relación matrimonial vacía y sin corazón... y los dos se sentían varados en cuanto a qué hacer al respecto.

Usted puede exclamar: «¡Vaya!» En este mismo momento podría estar agradeciéndole a Dios por no experimentar las mismas dificultades en su relación matrimonial. Al igual que usted, yo también me alegro de que esta historia no describa mi matrimonio. Personalmente disfruto el comer y el jugar con Lisa, mi esposa durante diecinueve años. Me encanta mirar sus ojos y ver el gozo en su sonrisa. La fragancia de Lisa llena toda mi vida.

De la misma manera, seguro usted disfruta una buena comida con su esposa. Puede ser que ustedes no solo tengan su restaurante favorito donde se deleitan juntos, sino también historias favoritas que contar. ¿Pero cómo asegurarse de permanecer juntos y felices por el resto de sus vidas? Hay un principio importante que debe entenderse primero y es este: Una relación matrimonial mejor y más íntima es un asunto del corazón.

SU CORAZÓN NO IMPORTA

Sí, es dentro del corazón que el matrimonio se mantiene saludable o se deteriora lentamente. Para ayudarle a comprender esto, daremos una mirada más cercana al corazón.

Proverbios 23:7 afirma: «Porque cual es su pensamiento en su corazón, tal es él» (RVR). También se nos dice: «Por sobre todas las cosas cuida tu corazón, porque de él mana la vida» (Proverbios 4:23).

Este órgano vital, el corazón, es muy importante para su matrimonio. En las Escrituras a menudo se hace referencia al corazón como la localización de su mente, su voluntad y sus emociones. Es vital comprender cada uno de estos tres elementos con relación al corazón.

Su mente

Su mente es uno de los logros más importantes de Dios

en la creación, es como un computador extenso, mucho más rápido y con mayor capacidad de almacenamiento que cualquier cosa creada por el hombre hasta la fecha. En este pequeño órgano se almacenan detalles de cada experiencia que pueda haber tenido. Su mente guarda una fotografía de cada lugar que visitó durante su vida, así como también un cuadro de cada persona que haya conocido. Además, en su mente está grabada cada palabra que haya dicho o escuchado.

Esta capacidad tremenda de almacenamiento no es lo único grandioso de su mente. Ella puede revisar toda la información guardada, buscar a través de todas las experiencias, ideas y conversaciones que haya tenido, y hacer emerger todo esto junto *en una fracción de segundo*, permitiéndole comunicarse y tomar decisiones al instante. Sin embargo, es asombroso que esta enorme mente suya abarque apenas una tercera parte de las funciones de su corazón.

Su voluntad

La voluntad humana es absolutamente pasmosa. Gracias a la voluntad los individuos han escalado las montañas más altas, han corrido las distancias más largas, han creado una tecnología inimaginable, y han diseñado supercarreteras y ciudades más allá de la imaginación. Su voluntad provee el combustible crudo que su corazón necesita para ejecutar las instrucciones que usted, como el dueño de su corazón, ordena.

Su voluntad es increíblemente capaz tanto del mayor bien como de la mayor descortesía.

Sus emociones

El tercer componente de su corazón es el conjunto de sus emociones, otro territorio inmenso. Las emociones son la manera en que usted experimenta la vida y se conecta con su ambiente, con otros e incluso con usted mismo. Las emociones también son conocidas como sentimientos que pueden ser muy engañosos.

La mayoría de nosotros carece de entrenamiento para tener, identificar o comunicar nuestros *sentimientos*. Para mucha gente los sentimientos son un verdadero misterio. Si esto también le resulta difícil, le recomiendo de manera especial que lea mi libro *Intimidad: Una guía de 100 días para relaciones duraderas* a fin de tener una perspectiva más profunda del área de los sentimientos.[1]

Todos necesitamos ser capaces de tener, identificar y comunicar los cientos de sentimientos que experimentamos. Ellos pueden ser conflictivos en el sentido de que uno puede sentir dos cosas opuestas al mismo tiempo. Los sentimientos también pueden ocurrir a un ritmo increíble y casi abrumador. Los mismos son transitorios, no duran para siempre. Todos ellos nos abandonan en algún momento.

Los sentimientos no son hechos. Uno puede *sentirse* gordo y sin embargo no haber ganado ni una sola libra. Uno puede tener un doctorado y sin embargo no sentirse muy brillante. (Esto me ocurre a mí cada vez que entro en una tienda que vende de todo para el hogar.) Los sentimientos son asombrosos. Inundan el corazón humano y hacen de muchas experiencias que usted ha tenido sucesos maravillosos y satisfactorios en su vida.

Dios mismo tiene sentimientos. Uno no puede leer las Escrituras sin sentir su ira, compasión, paciencia y amor. A su semejanza, Dios nos ha creado para tener sentimientos y un corazón que posea mente, voluntad y emociones grandiosas.

LOS ACUERDOS

El corazón no es solo la localización de su mente, voluntad y emociones. Es también el lugar donde usted realiza acuerdos. Estos acuerdos son un aspecto poderoso de su corazón.

Una vez que su corazón realiza un acuerdo, emite un edicto a la mente, a la voluntad y a las emociones. Este acuerdo tiene un gran poder sobre su corazón. Una vez que un acuerdo ha sido hecho, solo otro lo puede romper. Permítame darle unos dos ejemplos del poder de un acuerdo. Como consejero he escuchado cientos de historias con respecto a personas que efectuaron acuerdos a través de su vida. Carlos creció en Juárez, México. Su familia era muy pobre. Él recuerda los muchos días que pasó sin comer. Muchas veces ni siquiera pudo bañarse. Un día unos chicos que provenían de familias más acomodadas se burlaron de la ropa de Carlos, se mofaron del hecho de que solo era un niño pobre. Con tan solo ocho años, Carlos huyó de ellos hacia un callejón donde se inclinó sobre el pavimento incandescente. Conforme lloraba hizo un acuerdo en su corazón: *Cuando crezca nunca seré pobre.*

Carlos se aseguró de aprender inglés. Estudió duro para conseguir una beca para ir a la universidad. Trabajó en el verano y ahorró tanto dinero como pudo. Fue a la universidad, y después de la graduación, aplicó justo al siguiente día para obtener una visa para entrar legalmente a los Estados Unidos. Trabajó duro en este país y comenzó su propia compañía. Se nacionalizó como ciudadano estadounidense y tuvo éxito en un par de negocios.

Se casó y tuvo tres chicos hermosos. Pero nunca se le

encontraba en casa, puesto que trabajaba de forma permanente de día y de noche. Para el tiempo en que estaba por cumplir cincuenta años, su fortuna ascendía a más de quince millones de dólares. Mantuvo su acuerdo, pero no podía dejar de trabajar. Apenas si conocía a sus niños y su esposa estaba lista para dejarlo. Carlos no entendía el efecto que aquel acuerdo temprano estaba ocasionando al controlar su vida actual.

Los acuerdos del corazón tienen un gran poder. Al ver la historia que Lorraine y Scott me contaron en esa conferencia al inicio de este capítulo, descubrimos que en algún lado del camino el esposo y la esposa habían hecho acuerdos poderosos. Ellos habían acordado no perdonar, no ser pacientes, no servir ni respetar, y no ser gentiles el uno con el otro.

En lo profundo de sus corazones, cada uno de estos individuos había efectuado algunos acuerdos destructivos que estaban desbaratando su relación matrimonial. En Amós 3:3 leemos estas palabras: «¿Pueden dos caminar juntos sin antes ponerse de acuerdo?»

Este matrimonio había sometido el poder inmenso de sus mentes, voluntades y emociones a la dirección de acuerdos que determinaban no amarse a diario. De continuo se negaban los abrazos, los besos, las relaciones sexuales, los cumplidos, y los actos de gentileza y de servicio del uno al otro. El efecto de estas decisiones es algo que a uno le pasma la mente. ¿Cómo despertar día tras día sin tocarse ni hablarse entre sí? ¿Puede imaginarse el gran compromiso que ellos habían dedicado a estos acuerdos destructivos?

Este matrimonio utilizó la capacidad tremenda de sus mentes para guardar registros interminables de conductas equivocadas. Utilizaron sus voluntades para evitarse el uno al otro, incluso cuando vivían en la misma casa. Utilizaron sus emociones para sentir desprecio el uno por el otro.

Este matrimonio en verdad había aprendido el poder de realizar acuerdos. Sin embargo, ahí radicaba el problema: estaban utilizando el poder secreto de su corazón para hacer acuerdos destructivos, los cuales tenían a su vez el poder de *destruir el matrimonio* en vez de *construir uno grandioso*.

TENEMOS EL PODER

Dios nos ha dado a cada uno de nosotros el poder para hacer y efectuar nuestros acuerdos. Escogemos si es que vamos a invertir este poder en un acuerdo positivo o en uno destructivo. Los sucesos del 11 de septiembre del 2001 comenzaron cuando un corazón determinó realizar un acuerdo para odiar y matar a otros. No obstante, también fue el poder de la Madre Teresa invertido en un acuerdo positivo lo que le capacitó para amar a millones de personas que no eran consideradas dignas de ser amadas y cuyas vidas fueron tocadas por ella para el bien en la India. Las dos personas referidas fueron creadas por Dios con un corazón. Ambas hicieron acuerdos en sus corazones y ambas ejecutaron con éxito esos acuerdos.

Usted también tiene un corazón grande y maravilloso, capaz de logros increíbles ya sean constructivos o destructivos.

Usted tiene una esposa que también está leyendo estas páginas. Los acuerdos que los dos hagan pertinentes a su relación, los cuales a través de todo este libro llamaremos *los acuerdos del amor*, son críticos.

Los acuerdos del amor que realice o no en su vida pueden marcar la diferencia entre tener un gran matrimonio amoroso o uno distante y frío.

Sus acuerdos del amor se mostrarán en las conductas de su diario vivir, justo como el acuerdo de Carlos de no ser pobre influenció su vida cotidiana. Igual que él, cada día usted experimentará los acuerdos que realice.

En este libro estoy presentándole siete acuerdos del amor que lo dispondrán hacia una mayor intimidad con Dios y con su esposa. Realizar estos acuerdos del amor no garantiza resultados instantáneos, pero nos lanza a un proceso de mejoramiento de nuestra relación matrimonial. El proceso funciona mejor cuando la esposa y el esposo escogen juntos esta forma de comportamiento, pero cualquier cónyuge puede hacer estos acuerdos solo, como una manera de acercarse más a su cónyuge.

Los acuerdos del amor no son sentencias finales en calidad de promesas, no juramos ser fieles, pacientes, generosos o gentiles, porque a veces fallamos. Es mejor revisar y renovar los acuerdos con frecuencia, quizá incluso a diario. Un día a la vez edifica el amor y la intimidad. «Siempre» nos desliza hacia el fracaso y el desánimo.

Aquí están los siete acuerdos del amor a los que daremos una mirada cercana en los siguientes capítulos:

LOS SIETE ACUERDOS DEL AMOR

1. *Fidelidad.* Seré fiel a mi cónyuge en todo tiempo y circunstancia.

2. *Paciencia.* No trataré de cambiar las cosas que me disgustan de mi cónyuge, sino modificaré los comportamientos míos que le molestan.

3. *Perdón.* Cuando haya ofendido a mi cónyuge, le pediré perdón de inmediato. Y perdonaré de corazón las ofensas de este, aun antes de que me lo pida.

4. *Servicio.* Me anticiparé a las necesidades espirituales, emocionales, físicas y materiales de mi cónyuge, y haré todo lo que esté en mi poder para satisfacerlas.

5. *Respeto.* No actuaré ni hablaré de un modo que rebaje, ridiculice o avergüence a mi cónyuge.

6. *Amabilidad.* Seré amable con mi cónyuge, desterrando todo rasgo de dureza de mi comportamiento y forma de hablar.

7. *Celebración.* Apreciaré los dones y atributos de mi cónyuge y los celebraré de manera particular y pública.

Cuando usted comprende por completo estos siete acuerdos del amor, puede dirigir o corregir el curso de su matrimonio. Cuando entiende los acuerdos del amor, puede darse cuenta de *que es posible hacer elecciones de corazón que orienten su voluntad para actuar como lo haría un cristiano consagrado hacia su pareja.*

LA REALIDAD

Los acuerdos del amor son reales. Usted los decide y los lleva a cabo. Una vez que ha hecho estos acuerdos del amor en su corazón, la conducta cotidiana se dará. Conforme realice los acuerdos del amor, verá cómo aparecen conductas y actitudes diferentes en su matrimonio. *Apuntar a estándares más altos de conducta nos dispone hacia el mejoramiento.*

Todos hemos escuchado el dicho: «Si no apuntas a nada, le vas a dar». He escuchado a varios oradores motivacionales y a pastores que expresan la necesidad de enfocarse o apuntar a objetivos. Como cristianos *debemos apuntar a las estrellas en nuestro matrimonio... aun si sentimos que solo estamos alcanzando las copas de los árboles.* Por lo menos está orientado en la dirección correcta, y recuerde esto: las copas de los árboles son más altas que el suelo donde comenzó.

Supongamos que conocemos a un hombre llamado Lucas que está llevando a cabo el acuerdo del amor para ser paciente, de tal forma que se pasa el día enfocado en este acuerdo. Cuando su esposa al salir de su trabajo se atrasa de nuevo, él elige no decir nada. Mientras ella habla por teléfono con su hermana cuando es hora de acostar a los niños, escribe una nota comedida que dice: «Los niños quieren tu abrazo especial». Evita hacer el comentario descomedido que de forma habitual haría: «¡Deja el teléfono y ayúdame, AHORA!»

Uno puede ver que el acuerdo del amor que Lucas ha hecho comienza a mostrarse en su conducta. No le está dando a su esposa la típica mirada con la cual se entiende: *¡Deja el teléfono!* Él mantiene su enfoque.

A pesar de que Lucas es quien hizo el acuerdo, el impacto del mismo afecta toda la velada juntos. Lucas ha evitado su cuestionamiento habitual en cuanto al por qué de su atraso y la vergüenza de su esposa por sus atrasos típicos de quince a treinta minutos. Como consecuencia ella evita su comentario tradicional: «¡Eres un marido egoísta, no puedes atender a los niños ni siquiera por unos pocos minutos!» Esto le va dando un giro por completo distinto al día, y Lucas comienza a sentirse bien porque sabe que ha contribuido a hacer de este un mejor día para ambos.

Una vez que usted toma la decisión de amar, ubica su corazón en un camino diferente. Comienza a buscar oportunidades para practicar el comportamiento motivado por el acuerdo del amor específico que ha realizado. Empieza a encontrar maneras para mejorarse *a sí mismo.* Su propio mejoramiento introduce una dinámica diferente por completo en su relación matrimonial.

Como técnico en la salud mental, asistí a muchas reuniones que siguen los doce pasos en una unidad de pacientes con adicción a químicos años atrás en Texas. Solía conducir a mis clientes a sus grupos y los sentaba para monitorearlos y poder analizar con ellos al resto del grupo.

En varias ocasiones uno de los antiguos alcohólicos anónimos replicó diciendo: «Saben, he aprendido que tenía que intentar algo diferente. No importaba cuán diferente era; solo supe que no podía seguir haciendo lo mismo de siempre y obtener resultados diferentes». Todos nos reíamos y el grupo reconocía la sabiduría de las palabras del más antiguo del grupo.

Esta sabiduría prueba ser verdadera también en el matrimonio. *Intentar algo diferente produce resultados diferentes.* A menudo los consejeros le ofrecen a los matrimonios, estrategias diferentes de las que se han procurado antes. Cuando esa persona intenta una nueva técnica o frase, él o ella obtienen resultados diferentes.

La diferencia

Parte de la promesa subyacente en los acuerdos del amor es su oferta de algo diferente. Si usted intenta hacer uno de los acuerdos del amor, podrá probar y ver si el suyo puede cambiar la manera en que usted y su pareja interactúan. Igual que Lucas, puede descubrir la experiencia de una noche por completo distinta junto a su cónyuge, gracias a que realizó ese acuerdo del amor.

La mayoría de los libros escritos sobre el matrimonio tienden a enfocarse en las cosas que la pareja puede hacer junta para mejorar su relación. Es aquí donde los acuerdos del amor de los que estoy hablando en el presente libro son diferentes… *¡usted los puede realizar sin su pareja!*

Comprometerse a estos acuerdos del amor como matrimonio es grandioso, si es que ambos están igualmente motivados al mismo tiempo para mejorar su matrimonio. Pero aun si su cónyuge pareciera no querer efectuarlos, usted se puede comprometer a uno o a todos de estos acuerdos por su cuenta… y puede esperar ver los resultados que impactarán a ambos en su relación.

Permítame compartirle algo que aprendí en una reunión de Wise Counsel Meeting. Este es un grupo de hombres de negocios con los que tengo el privilegio de reunirme trimestralmente. Discutimos nuestros planes de negocios y también los asuntos del corazón entre nosotros. Creemos en la idea de que el hierro se aguza con el hierro. Un día uno de estos grandes hombres compartió una idea brillante de negocios. Como parte del proceso de Wise Counsel, todos comenzamos a hacer preguntas y observaciones.

Uno de los hombres hizo una afirmación profunda que ha significado muchísimo para mí con el paso de los años. Él dijo: «Pareciera como si tu plan dependiera de muchas personas para tener éxito». Y continuó indicando que había aprendido que mientras dependa de un mayor número de personas que algo ocurra, menos probabilidad hay de que tal cosa tenga éxito.

Otro lo puso en estos términos: «Es más fácil que se alineen dos planetas que conseguir que ocho lo hagan». Espero que usted capte la idea. Muchos libros sobre el matrimonio presuponen que ambos están motivados al cambio. Parten de la premisa de que los dos van a tener el mismo nivel de compromiso y perseverancia para realizar los cambios sugeridos y hacer cualquier cosa que el autor sugiera.

Los acuerdos del amor parten de una perspectiva por entero diferente. No comienzo con la suposición de que tanto usted como su cónyuge están por completo motivados al cambio. Tampoco quiero suponer que los dos tendrán igual nivel de perseverancia para alcanzar las mismas metas.

Habiendo sido un consejero por más de diecisiete años he aprendido mucho. Gracias a los clientes que traen experiencias prácticas del diario vivir, me he vuelto cauteloso de hacer estas suposiciones. Algunos matrimonios que vienen a mi oficina obviamente han hecho su cita porque solo uno de ellos está motivado a cambiar. Solo uno experimenta el dolor debido a la falta de sentirse conectado o de intimidad. Uno de los dos es el que está cerca al punto de quiebre, mientras que el otro aparece como inconciente del problema marital.

En el matrimonio las parejas a menudo se motivan para el cambio en momentos diferentes. He escuchado más de una vez que estos han conversado acerca de conseguir consejería matrimonial durante años. Cuando les he preguntado, me han dicho que nunca podían ponerse de acuerdo juntos para buscar consejería al mismo tiempo.

A menudo una de las partes en el matrimonio no tiene el mismo nivel de compromiso que la otra. Consideremos que Tony y Julia son un matimonio típico que viene a mi oficina. En nuestra sesión de consejería ellos discuten los puntos que quieren resolver. Luego se les asignan tareas que deben realizar. Soy conciente de que los dos abandonan mi oficina y que uno de ellos no cumplirá con la tarea. Mientras pasan las semanas de consejería, con frecuencia uno es el que completa las tareas y el otro no.

Así que, a pesar de que los dos vinieron a la misma consejería matrimonial, ambos no tenían el mismo nivel de perseverancia para cambiar. Es allí donde los acuerdos del amor difieren de los principios para cambiar presentados en los libros tradicionales sobre el matrimonio. No estoy dependiendo de la cooperación de usted y su esposa para obtener un mejor matrimonio… a pesar de que eso probablemente provocaría un cambio más rápido.

Un acuerdo del amor depende solo de un corazón para que funcione. Un corazón articula los recursos vastos de la mente, de la voluntad y de las emociones. Los acuerdos del amor no se enfocan en cambiar a ambos. Ellos son un sistema para hacer del matrimonio lo correcto. Los acuerdos del amor se enfocan en usted, en su corazón y en que encauce su matrimonio.

Como Lucas, conforme usted se compromete de manera individual a estos acuerdos del amor, su compromiso será el catalizador de muchos días, noches y fines de semana diferentes con su cónyuge, provocando un cambio en su relación matrimonial. En el caso de Lucas, su esposa no hizo nada para cambiar las cosas, ella se atrasaba y hablaba por teléfono como de costumbre, y Lucas fue quien ayudó a que los niños se cepillaran los dientes, se lavaran la cara y se pusieran sus pijamas. Sin embargo, se dio un cambio notorio en su relación.

Usted puede hacer una gran diferencia en su matrimonio. Sé por experiencia personal que cuando cambio mi conducta, cambia nuestro día. Si puedo practicar mis acuerdos del amor, entonces Lisa y yo podemos tener un día mejor.

Lo que me gusta en cuanto a los acuerdos del amor es que no necesito que mi esposa se ponga de acuerdo en todo. Lisa puede continuar con su manera despreocupada y no notar de inmediato los acuerdos del amor que yo realicé. Pero con el tiempo ella y los otros se dan cuenta. «Estás actuando diferente», ella puede comentar.

Si su esposa le dice algo como eso, solo sonría y pregúntele: «¿Es algo bueno?»

«Sí, sí», le reafirmará su esposa. Y a pesar de que le haya llevado más tiempo notar la diferencia en usted, pronto podrá observar que ella también ha elegido hacer un acuerdo del amor por su cuenta.

En el caso de Lucas puede ser que tome meses que su esposa se de cuenta que él ya no se queja cuando ella se atrasa. Con el tiempo, puede ser que ella aprecie este cambio. Más adelante en el camino puede ser que su esposa quiera llegar a tiempo o temprano, solo porque le gusta el marido paciente que tiene. Todo esto ocurre gracias a que Lucas llevó a cabo un acuerdo del amor y cambió todo el sistema.

El matrimonio es muchas cosas, pero de todas una sí es cierta: es un sistema de comunicación verbal y no verbal. Es un sistema de oprimir botones y obtener resultados conocidos. Usted actúa de una manera que influencia a otra persona a actuar de otra manera. Todos los que estamos casados hemos creado sistemas. Usted sabe que si un hombre compra flores solo para mostrar su amor, existe un sistema. Él da las flores y ella le da un beso.

Los matrimonios pueden tener cientos de sistemas en funcionamiento en sus relaciones. Algunos tienen un sistema por el cual uno de los dos deja la ropa sucia y las toallas en el piso y el otro se queja pero las recoge. Como resultado de este sistema, el mensaje que se refuerza es que en realidad es aceptable para el otro el dejar la ropa sucia en el piso. Él o ella recibe su recompensa por dejar la ropa sucia en el piso, y la única penalización está en escuchar una queja antes de que la ropa sea recogida.

Imagínese que el sistema se modifique y la persona que recoge la ropa y las toallas comience a cambiar. Esa persona decide que él o ella ha recompensando el comportamiento negativo del otro lo suficiente. Pronto aparecen montañas intolerables de ropas y toallas en el piso, y el otro cónyuge comienza a quedarse sin qué ponerse.

Ahora ocurre que la persona con la conducta indeseable de mantener la ropa sucia en el piso experimenta dolor en vez de una simple queja. El dolor de no tener ropa limpia ahora motiva al descuidado a recogerla. Si el cónyuge aseado puede ser consistente en no andar detrás del abandonado que deja la ropa tirada, un nuevo sistema evolucionará. Pronto habrá dos personas que recogen sus ropas y se acabará con la queja.

Este es solo un ejemplo de cómo una persona en el matrimonio puede cambiar el sistema. Usted tiene el poder para cambiar un sistema marital. Deténgase y piense en alguno de los varios sistemas que tiene en su matrimonio: El sistema de comunicar o no ira, el sistema relacionado con los víveres, la cocina, las tareas domésticas, el dinero, el sexo y el entretenimiento. Existen muchos sistemas en su matrimonio. Como dinamizador del sistema, cuando usted cambia personalmente, el cambio adicional es posible o probable en el futuro de su matrimonio.

Esta es la razón por la cual los acuerdos del amor funcionan. Conforme usted se compromete a un camino firme de cambio, produce una influencia en su cónyuge. Entonces esa persona tiene que adaptarse a su nueva manera de lidiar con él o ella.

Lleve notas de sus acuerdos del amor a lo largo del camino. Se sorprenderá cuando vea cómo cambia en efecto su matrimonio con sus acuerdos del amor.

No todas las parejas tienen tan diferentes niveles de compromiso, aguante y motivación al cambio. Algunas parejas están igual de motivadas, comprometidas y dispuestas a soportar el proceso del cambio. Ambos son corredores de velocidad, esperando el disparo para poder correr juntos en esta carrera llamada matrimonio.

Si es que esto describe su actitud y la de su cónyuge, usted es bendecido de manera doble. Los acuerdos del amor pueden tener un impacto más significativo, así como también más inmediato. Es maravilloso cuando los cristianos compiten para ser más amorosos. En lo personal, yo soy en realidad competitivo. Me encanta cuando le gano a mi esposa con relación a amarnos el uno al otro. Es maravilloso. Puedo poner mi cabeza en la almohada, mirar hacia arriba a mi «Suegro» Dios y sonreír, sabiendo que fui yo el que «gané» ese día específico.

Pero Lisa también es competitiva y puedo advertir cuando ella es más amorosa que yo. Sí, hay días en los que ella gana. Pero en el juego de los acuerdos del amor, todos ganan.

Así que si ustedes son uno de esos matrionios motivados, les aplaudo. Ambos tienen mucho para ver por delante. Algunos se enfocan en el mismo acuerdo del amor al mismo tiempo, mientras que otros abordan aquello que sienten que quieren abordar para comenzar y por ende se enfocan en diferentes acuerdos del amor.

De todos modos, si los dos están tratando de ser más como Jesús por medio de mantener sus acuerdos del amor, creo que el Padre y Suegro en el cielo no puede estar menos que complacido.

Discutiremos cada uno de los siete acuerdos del amor en los capítulos futuros. Cada uno tiene un enfoque específico al corazón que elige hacer estos acuerdos. Pero antes de entrar en los aspectos específicos de cada acuerdo del amor, en el siguiente capítulo discutiremos lo que he dado por llamar el juego de «Pretendamos».

Conforme cambiamos nuestra conducta de forma consistente,

esta se convierte en un hábito.

Conforme estos hábitos se desarrollan,

nuestro carácter cambia.

CAPÍTULO DOS

PRETENDAMOS

R ecuerdo que estaba sentado en mi oficina con un cliente que se explayaba sobre cuán difícil se había vuelto su matrimonio. Después de escucharle por un rato, surgió una pregunta en mi cabeza. Pensé en ella por un minuto y decidí que sería una fantástica manera de guiar a este cliente hacia una dirección más positiva.

Así que durante su siguiente pausa le dije:

—José, permíteme preguntarte algo.

Él me miró como diciendo: *¿Qué? ¿Un consejero que hace preguntas?* Le miré fijo a los ojos en un estilo muy de hombre a hombre y pregunté:

—¿Cuándo estuvo tu matrimonio en realidad bien?

Usted podría oír cómo chirriaban las ruedas en la cabeza de José al detenerse de forma tan abrupta. Él iba con toda máquina con su negatividad. Golpeado como por un dardo, José hizo una pausa. Esperé en silencio conforme levantaba su mirada hacia el cielo raso mientras rebuscaba en su memoria sus últimos veinte años de matrimonio.

Sonrió con amplitud, como diciendo: *Capto lo que me quieres decir.* Después dijo:

—Sabes, fue como hace tres años que mi matrimonio estuvo mejor de lo que nunca había estado.

—¿Qué ocurrió hace tres años? —pregunté, curioso por saber lo que se escondía detrás de la sonrisa maliciosa de este fornido hombre.

Entre sonrisas me contestó:

—Bueno, hace tres años compré un libro.

—¿Compraste un libro? —pregunté.

Uno podía advertir que José estaba disfrutando esta conversación porque conocía el fin de la historia.

—Sí, compré uno de esos libros sobre el matrimonio. Ya sabes, ese tipo de libro que *tú* escribes.

—¿Cierto? —dije.

—Sí —contestó—. Y de hecho hice todo lo que se me dijo que hiciera. Felicité a mi esposa, ayudé en la casa, le pregunté sobre su día, e incluso le dediqué tiempo a solas sin los niños.

—¿Y cuál fue el resultado? —pregunté.

—Fue grandioso, doc. Fueron los mejores siete meses de nuestro matrimonio. Mi esposa en realidad me dijo que me amaba. Tomaba la iniciativa en el sexo y nos anticipábamos para ver cuándo volveríamos a tener tiempo para estar juntos.

—Entonces, ¿qué pasó? —pregunté.

Era como si estuviera usando la historia como enganche para mostrar lo que solo él sabía. Luego soltó:

—Dejé de hacer esas cosas.

—¿Dejaste de hacerlas? —pregunté con sorpresa en mi cara.

—Sí, y todo ha ido en picada desde entonces —dijo José de forma malhumorada.

José es un gran ejemplo de cómo las cosas cambian al paso

del tiempo en una relación. Él no se salvó ni encontró una creencia filosófica nueva, ni memorizó ningún mantra cotidiano. Solo cambió su conducta por un tiempo.

Ahora, para su beneficio, José hizo las cosas de manera consistente. Era como si fuera a probar que las cosas que el libro decía funcionaban en realidad. Ni siquiera tenía la mejor de las motivaciones cuando cambió su conducta para el mejoramiento de su esposa. Este cambio conductual, aun cuando no hubiera sido plenamente de corazón, produjo cambios medibles en su esposa y mejoró la calidad de su relación.

Los acuerdos del amor promueven el desarrollo de conductas. Y al pasar el tiempo, y con consistencia, estas conductas promueven las buenas relaciones. Al igual que José, cualquiera puede cambiar sus acuerdos y conductas.

Solo usted tiene el poder dentro de su corazón para hacer un nuevo acuerdo del amor. Una vez que haga ese acuerdo, entonces podrá aprovechar el poder de su alma. Este nuevo acuerdo manda a su mente, voluntad y emociones que le sigan.

Llevar a cabo un acuerdo del amor no es algo mágico. *Solo realizar un acuerdo no provoca de inmediato un cambio instantáneo.* Tenemos que avanzar un paso más allá de la simple confesión positiva; *tenemos que actuar.*

Como podrá ver, conforme actuamos, el proceso se inicia. Su conducta comienza a cambiar el sistema de cómo se hacen de forma habitual las cosas en su matrimonio.

Recuerdo a Carl y Karla, un matrimonio relativamente joven que estaban teniendo gran dificultad en su sistema de comunicación. Cuando cualquiera de ellos comenzaba un conflicto o percibía un conflicto, el otro de inmediato se adelantaba para incrementar el volumen de sus comentarios. La otra parte a su vez también incrementaba el número de comentarios hirientes. Antes de que uno pudiera darse cuenta esta buena pareja cristiana empezaba a explotar con palabras insultantes a pleno pulmón. Podían permanecer haciendo esto por más de una hora.

Por supuesto, con el tiempo se besaban y hacían las paces, pero qué desastre habían hecho de su relación. Vinieron a consejería buscando ayuda, destapando todos los temas profundamente enraizados que ellos pensaban que podían estar operando desde adentro. A pesar de que era probable que hubiera algunos asuntos internos que resolver, tomamos la ruta conductual hacia el cambio. Les pedí que fueran a casa, diseñaran una señal de pare, y la pegaran en el refrigerador.

Establecimos la regla de que cualquiera de los cónyuges podría tomar ese letrero de pare y colocarlo cerca del rostro de la otra persona. Esto iniciaría un receso inmediato de cinco minutos. Durante este tiempo, ninguno de los esposos podría decir ni una palabra al otro, hasta que la alarma del reloj sonara. Si comenzaban a pelear de nuevo, el letrero de alto podría volverse a usar.

Este matrimonio siguió las direcciones de principio a fin y dentro de unas pocas semanas pudieron tener el control el abuso verbal en ascenso que se había estado infringiendo el uno al otro con anterioridad. El secreto del éxito de esta pareja no fue solo el letrero de pared. Fue la consistencia con la cual el cónyuge lo utilizó.

La consistencia de ellos creó un hábito al cabo de pocas semanas. A diario, y en ocasiones varias veces en un par de horas, el letrero volvía a crear silencio. Controlar el volumen y los comentarios hirientes se logró gracias a una conducta consistente.

Esta pareja aplicó con firmeza una conducta sencilla, y al hacerlo, algo más ocurrió: El carácter de cada uno estaba cambiando. Se estaban moviendo de un temperamento sin control a otro en el que tenían un mayor control de sí mismo.

Así nos ocurre a nosotros. *Conforme cambiamos nuestra conducta de forma consistente, esta se convierte en un hábito. Conforme estos hábitos se desarrollan, nuestro carácter cambia.*

Esa es la meta final de estos acuerdos del amor. Están hechos de tal manera que podamos obtener un mejor carácter. Como cristianos somos alentados a desarrollar nuestro carácter. Los acuerdos del amor son una herramienta que puede ayudar a mejorarlo. Una persona con un mejor carácter puede cambiar la manera en que su matrimonio funciona.

PRETENDAMOS

C. S. Lewis dijo que adquirimos nuevas conductas si llevamos a cabo el juego de niños llamado «Pretendamos». Es decir, que la única manera de adquirir una buena conducta es pretender que ya tenemos el rasgo de dicha conducta y desempeñar las acciones que la definen. Por ejemplo, si queremos ser más pacientes debemos pretender que somos pacientes y hacer las cosas que una persona con paciencia realiza.

Creo que C. S. Lewis está hablando de algo en particular aquí. En especial me gusta la idea de pensar en mejorar nuestro carácter a través de un juego. Es mucho más fácil considerar el jugar un juego que pensar en abordar el desarrollo de nuestro carácter.

Disfruto realizando las tareas de un juego. Esto hace que sean algo mucho más divertido. También, para mí, tal cosa añade un elemento de competencia a la actividad. El aspecto de juego hace que busque la oportunidad para practicar una conducta en particular.

Fui un invitado frecuente de cierto programa de entrevistas de una emisora cristiana, y después de cierto tiempo la conductora y yo nos volvimos amigos. Un día ella me contó de cierto juego que había creado con su equipo. El juego era simple. El equipo saldría con cualquier palabra, y la conductora quedaba desafiada a utilizar esa palabra en algún momento durante la hora de duración de la entrevista a sus invitados.

Así que sin el conocimiento de la persona invitada, si la conductora decía esta palabra previamente acordada, ella ganaba. Si no podía lograr que la palabra surgiera en la entrevista, el equipo era el vencedor. Creo que el premio por ganar era el derecho de hacer alarde sobre la otra parte durante el día o una Coca Cola ocasional. Este jueguito ocurría a diario sin que nadie en la audiencia jamás supiera lo que estaba ocurriendo.

Esa es la parte de juego de realizar un acuerdo del amor. Uno puede jugarlo solo y su esposa nunca lo sabrá. De la misma manera que la conductora de ese programa de televisión, uno puede contabilizar ganancias o pérdidas, y la audiencia nunca sabrá que se está desarrollando un juego.

En *Intimidad: Una guía de 100 días para las relaciones duraderas* escribí sobre lo que llamé «el más santo de los concursos».[1] Sugerí que una persona en el matrimonio realice el juego de amar más que el otro. Aquellos que jugaron este juego resultaron ganadores.

Cuando lo juego, Lisa no lo sabe, pero yo sé lo que estoy intentando lograr. Con honestidad, solo jugar me hace sentir divertido a lo largo del día. Me siento bien a pesar de no actuar de forma perfecta, lo que ninguno de nosotros puede hacer. Al final de uno de esos «días de juego», sé que ha habido momentos durante el día cuando me he comportado mejor de lo común, y me siento bien solo por haber jugado.

Mientras viaje a través del resto de las páginas de este libro, mantenga en mente que al presentarle estos siete acuerdos del amor le estoy ofreciendo la oportunidad para participar en siete juegos diferentes. Cada juego se enfoca en uno de estos siete acuerdos del amor.

Ah, ya puedo oír los comentarios ahora: «¿Usted quiere decir que no necesito una terapia profunda y gastar miles de dólares?» «¿No tengo que pasar horas leyendo todo lo que hay sobre el matrimonio?» «¿No tengo que ayunar y orar para que todos mis defectos de carácter sean eliminados a fin de que pueda tener un mejor matrimonio?»

Estoy cien por ciento a favor de que usted se comprometa a realizar el trabajo necesario para lidiar con cualquiera de las cosas que necesita para sanar y liberarse del pasado. El liberarse del dolor del pasado es lo que le permitirá tener un mejor presente y futuro. Los acuerdos del amor son solo otra manera de llegar a lo mismo. Usted podrá ver los resultados de haber jugado este juego de «Pretendamos» con los acuerdos del amor.

EL JUEGO

De acuerdo a C. S. Lewis, el juego era relativamente simple. En su mente usted elegiría cierta virtud en la cual le gustaría crecer. Una vez que escogiera la virtud, entonces pretendería ser una persona que ya tiene esta característica.

Suponga que quiere adquirir la virtud de escuchar... una gran virtud para poseerla en cualquier relación, pero más crítica aun en la relación matrimonial.

Así que supongamos que Brittany, que está casada con Chase, decide jugar el juego. Comienza a escuchar a Chase cuando le habla. Establece algunas metas sencillas para ella misma al comienzo.

Sus primeras metas para el juego son:

1. Esperar hasta que Chase haya completado su oración antes de que yo hable.

2. Preguntar si es que hay algo más que añadir sobre el asunto en cuestión antes de que yo le hable sobre eso.

Brittany lleva un pequeño pedazo de papel y un bolígrafo en su cartera. Actúa como si ya tuviera la virtud de escuchar. Ella y Chase mantienen muchas conversaciones a lo largo de la semana y muchas más el fin de semana.

Después de cada conversación, anota en el pedazo de papel de su cartera: «Sí, yo escuché» o «No, no escuché». Ella revisa el papel a diario para ver si está mejorando su virtud, y al paso del tiempo ve que su capacidad de escuchar está mejorando. Sus interrupciones y suposiciones de lo que él está diciendo disminuyen de modo significativo.

Brittany puede ahora llevar el juego a un nivel nuevo por completo. Durante los últimos dos meses ha llegado a ser una maestra en el manejo de estas dos metas. Ahora se establece metas ligeramente más altas porque quiere hacer más que solo escuchar... *quiere llegar a ser una gran oyente*. Sus metas ahora son:

1. Reflexionar sobre lo que Chase está diciendo de tal forma que pueda comprender sus pensamientos con claridad: «Lo que te estoy escuchando que me dices es...» o «Entiendo que tú estás diciendo que...»

2. Atender a lo que él siente tanto como a lo que dice.

De nuevo ella repite el modelo de hacer el seguimiento de su progreso. Conforme avanzan las semanas, Brittany no solo llega a ser una mejor oyente de Chase; llega a ser una mejor oyente para todos los demás.

Se ha entrenado a sí misma para oír a la gente. Ha actuado como si estuviera escuchando con atención. Al pasar el tiempo su conducta llegó a convertirse en un hábito. Y el hábito llegó a formar parte de su carácter.

Como resultado la nueva virtud de Brittany impacta en su matrimonio de un modo tremendo. Ella nota que este Chase distraído y callado le está hablando mucho más, *y cosas mucho más significativas*. Para sorpresa de Brittany, Chase también ha comenzado sin darse cuenta a ser él mismo un gran oyente.

Brittany ha aprendido lo que muchos otros que juegan «Pretendamos» han aprendido. ¡Funciona! Tratar por primera vez una nueva virtud se siente poco familiar, incomodo y hasta raro. Pero conforme el tiempo y la conducta consistente continua, jugar se vuelve real. Con un poco más de tiempo, aquello que se sentía poco familiar llega a ser muy cómodo, como la chaqueta de invierno del año pasado. Y al igual que la chaqueta, la virtud luce bien en ti.

Llevar a fruto

Jugar el juego de «Pretendamos» con los acuerdos del amor es una manera de producir fruto espiritual en su vida. Esto no es solo un asunto de ejercitar la fuerza de voluntad. El Espíritu Santo en usted le ayudará a escoger y a hacer las cosas correctas, y el Señor mismo obrará para que este modelo de conducta se impregne en su carácter.

Existe un fruto que se produce de forma *accidental* y otro de forma *intencional*. *Producir fruto accidentalmente* es justo eso: un accidente. Es cuando mi esposa hace algo y yo por casualidad no hago un gran problema de ello. Ella experimenta por accidente el fruto de la paciencia en mí. Saborea el fruto y es bueno. Pero la próxima vez que algo ocurre, está más propensa a saborear mi carne. Como un ejemplo, puede ser que yo haga preguntas y la avergüence porque no sabe lo obvio. Ese fruto no tiene buen sabor, y ninguno de los dos se siente bien después de esta interacción. Eso ocurre porque el fruto de la paciencia fue solo un accidente con el que nos iniciamos.

Luego está el *fruto intencional*. Aquí es donde usted se entrena a sí mismo para escuchar y obedecer al Espíritu Santo. Eso es exactamente lo que los granjeros hacen... cosechan un fruto intencionalmente.

En realidad, un granjero decide cultivar maíz. Él no se sienta a esperar hasta que las semillas de maíz caigan en su propiedad de diez hectáreas. No espera solo que la naturaleza haga todo el trabajo de fertilizar y regar el cultivo. Un granjero que depende del fruto accidental en realidad no es un granjero.

El granjero intencional es en verdad la única clase de granjero que hay. Primero él decide qué clase de semilla quiere plantar. Nuestro agricultor elige el maíz y no cebada ni trigo. Sabe que elegir la semilla no produce un cultivo, así que está preparado para realizar una cosa pequeña llamada trabajo y hacer que la cosecha de maíz se dé.

Día tras día se levanta temprano (cambio de conducta). Planta, riega y fertiliza de manera regular para obtener los resultados. Esto significa no solo que ha cambiado su conducta, de dormir a plantar, sino también que fue consistente durante una temporada. Después de un tiempo la semilla crece de una manera intencional. Todo lo que usted tiene que hacer es volar en avión sobre Kansas o alguna otra área agrícola para ver cómo son en realidad los granjeros intencionales.

Y así como ocurre en lo natural, también sucede en lo espiritual. Si queremos tener un fruto espiritual, tenemos que aprender a ser intencionales. Las Escrituras describen este proceso de cultivar el fruto del espíritu (véase Gálatas 5:22-23). Podemos ser la clase de cristianos que tienen un fruto accidental para que alguien coma, o podemos ser alguien que tiene frutos intencionales.

Puede ser que usted conozca a un anciano amargado que se queja constantemente. Este individuo va a la iglesia, lee la Biblia, y no tiene un amigo en el mundo o un miembro de la familia que disfrute su compañía. Esta persona vive una vida solitaria. Un día una niña pasa vendiendo galletitas. Por lo que sea, este anciano se comporta con amabilidad y es gentil con la pequeña niña. Él incluso llega a darle una propina adicional, porque es una niña muy buena que pertenece a las exploradoras.

Por desgracia, para muchas personas, el cosechar fruto ocasional de esta forma es la norma. Usted no quiere ser ese anciano con apenas algo de fruto para ofrecer a otros en el campo desolado que nosotros llamamos la tierra.

Ahora, sueñe conmigo por un minuto. Imagínese una vida fructífera, una vida que produce más fruto con cada día que transcurre. Puesto que está cultivando un fruto intencional, el fruto del Espíritu que fluye de su vida nutre a aquellos alrededor suyo de manera regular. Su vida está desbordando con su paciencia y amabilidad. Su esposo tiene un cimiento fuerte gracias a la dieta de alabanza que ha recibido de los frutos de su árbol.

Sus hijos tienen bien su autoestima gracias a toda la alimentación que reciben de su productividad. Usted mismo está saciado y fuerte debido al fruto que llega a comer del árbol de su cónyuge. Luego está ese fruto adicional que recibe de sus hijos. ¡Vaya! ¡Usted está lleno y saciado!

Ahora no deje de soñar. Avance un poquito más en el camino. Usted cultivó un campo con fruto intencional. Su cónyuge e hijos no solo están bendecidos por el fruto, sino también porque usted les ha enseñado cómo ser intencionales al cultivar el fruto del Espíritu. Ahora la cosecha crece de forma multigeneracional. Los hijos de sus hijos tienen el fruto del Espíritu para ofrecerlo a su generación. No solo son salvos, sino también tienen fruto.

Espero ayudar a que su corazón se apropie de este sueño a través de una comprensión de los acuerdos del amor. En las páginas que siguen, usted caminará a través de los siete acuerdos del amor. Los acuerdos son herramientas poderosas para instruirle sobre cómo cultivar frutos de manera práctica. Este fruto es el que Dios quiere que usted tenga en sus árboles.

Pero recuerde esto: Los frutos no se cultivan para el beneficio de los árboles, el árbol nunca come su propio fruto. El árbol solo produce el fruto para darlo. No hay beneficios directos para el árbol por haber producido el fruto, excepto tal vez el mero placer de ser lo que Dios quiso que fuera. El árbol tampoco controla lo que otros hacen con el fruto.

Una persona que recibe una manzana del árbol puede que la escupa. Es posible que prefiera una barra de caramelo y un refresco. Otra persona que reciba un fruto quizá no tome en cuenta su dulzura, esperando que el mismo tenga el sabor de cualquier otra manzana que ha comido. Pero en ocasiones habrá gente que reciba la manzana y esté en verdad agradecida de ella. Ellos saborean la dulzura, produciendo sonidos de satisfacción conforme comen la placentera fruta. En realidad experimentan el fruto.

Justo de la misma manera, usted no llega a controlar cómo su esposa u otros responden a su fruto. Puede ser que ellos lo traten con desdén o ni siquiera lo noten. O es posible que saboreen sus frutos. Su tarea es solo ser fructífero. El primer mandamiento que Dios le dio a la humanidad fue que fuéramos fructíferos y nos multiplicáramos (véase Génesis 1:28).

Ser fructífero involucra más que solo producir frutos físicos. Dios, en Cristo, a través del Espíritu Santo, plantó su misma naturaleza dentro de usted. Este río de vida fluye en lo profundo. Es similar a una corriente que fluye bajo tierra seca. Conforme uno cava más hondo, llega a la corriente. Usted cultiva esto mediante la construcción de un pozo para traer el agua que se halla bajo tierra a la superficie a fin de que la gente pueda beber de esta agua que da vida.

El Espíritu de Dios ya ha sido plantado dentro de usted. Ahora es su tarea cultivar las semillas de su naturaleza. No va a ser algo fácil hacer todo al mismo tiempo. Hay una capa de suciedad a través de la cual las semillas de maíz del granjero deben empujar para alcanzar la luz del sol. Esa capa es más pesada que la pequeña semilla, y esta tendrá que luchar duro para abrirse paso. Del mismo modo el Espíritu de Dios tiene que empujar a través de la suciedad que nosotros llamamos *nuestra carne*.

Nuestra carne es innatamente egoísta, ruda y condescendiente. El Espíritu de Dios dentro de nosotros es todo menos eso. Así que existe un conflicto. El Espíritu quiere empujarnos a través de las capas de suciedad, de modo que pueda ser visto y saboreado por otros a través de usted.

Si tiene conciencia de este proceso, usted va a sentir incomodidad por el conflicto entre la semilla del Espíritu y la suciedad de la carne. Durante este proceso habrá algunas elecciones que hacer.

Puede ser que usted tire más suciedad sobre la semilla para hacer que ella trabaje con más fuerza. Es posible que elija ignorar la semilla y en ocasiones ser fructífero por accidente.

O quizá reconozca la semilla de la mismísima naturaleza de Dios dentro de usted. Puede dedicar un tiempo a estimular su crecimiento de manera regular mediante el riego, la luz y la limpieza de alguna de las capas de mugre, para ofrecerle un camino más corto a la semilla en crecimiento, de manera que pueda ser vista y comida por otros también.

En lo que a mí respecta, quiero el camino más corto. Deseo que Dios sea glorificado porque permito que más de su naturaleza generosa, amorosa y gentil se vea a través mío. Quiero que la gente en todas partes pueda saborear el fruto de Dios. Aspiro a que los demás vean a Jesús. Soy conciente de que en ocasiones fallo; igual que lo hacen todos. Pero con tiempo y cuidado quiero que el éxito de su fruto sea predominante en mi vida.

Sé que no soy el único que desea que su semilla sea vista y comida por otros. Es probable que ese sea también el deseo de su corazón. «¿Cómo lo sabe?», me pregunta. Lo sé porque ese es el deseo de la semilla, el deseo del Espíritu de Dios que mora en su interior. Usted, por el Espíritu de Dios tiene su fruto dentro suyo. Dios, a través de Cristo y por el Espíritu Santo, ya ha plantado su semilla en usted.

De la manera como en el plano natural la semilla contiene la naturaleza de lo que va a llegar a ser el fruto, así también la semilla del Espíritu plantada en usted es nada menos que el ADN de Dios: su corazón, su mente, su voluntad y su naturaleza.

Como ve, la semilla de Dios en usted ya es fructífera. La semilla dentro de usted es paciente y perdonadora. La semilla en su interior también desea servir, ser respetuosa, generosa y expresarse a sí misma de manera loable.

En los siete acuerdos del amor reconocemos una semilla que ya descansa dentro de su ser. En las páginas que vienen quiero ayudarle a comprender cómo nutrir estos siete aspectos diferentes de esta semilla. El deseo de mi corazón es que usted llegue a ser tan fructífero que no solo su esposo o esposa se beneficie de su forma de ser, sino que también lo hagan aquellos que le rodean.

Así que venga, tenemos mucho cultivo intencional que realizar. Y por supuesto, es trabajo. Y sí, es diario. En algunas partes del campo la labranza será fácil y en otras más difícil.

Permítame prevenirle de algo, no se enfoque en el trabajo. Jesús fue a la cruz debido al gozo que fue puesto delante de él. Jesucristo pudo mirar a lo largo de los corredores del tiempo y ver que usted valía la pena.

Fue golpeado, pero valió la pena para tocar su alma y permanecer en una relación con usted en el futuro distante. No se preocupe; no va a ser tan malo para usted, pero existirá alguna incomodidad aquí y allá, conforme la suciedad se vuelca para dejar la semilla expuesta en el suelo.

No obstante, mire hacia la temporada del fruto, imagínese su matrimonio con el fruto aumentado de Dios en él. Imagínese a usted mismo con más fruto que ofrecer. Imagine a sus hijos viviendo vidas fructíferas. Ahora recorra unas pocas generaciones más adelante, y vea desde el cielo a sus tataranietos llevando fruto cual si fueran caramelos a su generación. Sienta la mano en su hombro y vea su sonrisa conforme Jesús se dirige a usted para decirle: «Bien hecho».

Ah, el gozo que está puesto delante de usted es eterno. Así que prepárese a cultivar, hay una cosecha muy dulce por delante.

Acuerdo del Amor #1

Seré fiel a mi cónyuge en todo tiempo y circunstancia.

CAPÍTULO TRES

Acuerdo del amor : # 1

FIDELIDAD

La fidelidad es el primer acuerdo del amor que usted hará y es la piedra angular sobre la cual los otros acuerdos del amor pueden construirse y prosperar. Sin el acuerdo de la fidelidad, su matrimonio sufrirá temporadas de daño. Durante mis diecisiete años de consejero he visto los estragos de la infidelidad en varias áreas de los matrimonios de muchos matrimonios.

Para muchos cristianos, la fidelidad es considerada casi como algo que se da por sentado. Si una pareja cristiana recorre el camino hacia el altar y hace un voto a los ojos de Dios, de la iglesia y de la comunidad, la mayoría cree por supuesto que ambos individuos van a guardar su palabra.

Me encantaría creer que esto será verdad. Sin embargo, muchos cristianos que creen en la Biblia y asisten a la iglesia fallan en mantener su voto de fidelidad. Un día del año pasado, Lisa estaba leyendo uno de los números de la revista *Carisma*. Lisa es una lectora ávida de toda clase de material. Según su hábito, ella recorta y resalta cualquier cosa que considera que es importante que yo conozca. Ese día en particular, se inclinó sobre mí con la revista *Carisma* y dijo: «Mira esto, es difícil de creer». Había captado mi atención puesto que sus hermosos y grandes ojos verdes se habían puesto mucho más grandes. Así que me fijé en lo que estaba leyendo. El artículo hacía referencia a cierta investigación en la que se afirmaba que los cristianos se divorcian en una proporción un dos por ciento mayor que el resto del mundo. Era difícil de creer que el cincuenta por ciento de todos los matrimonios seculares terminan en divorcio. Sin embargo, aun más difícil de creer era el hecho de que los matrimonios cristianos sobrepasaran esos números en un dos por ciento. Puse la revista *Carisma* sobre mis piernas y permanecí en silencio.

Por cierto, esta es una afirmación triste. Los cristianos hoy en día tienen el Espíritu de Dios, la Palabra de Dios, iglesias grandes y pastores, ministerios para el matrimonio, conferencias sobre el matrimonio, consejeros matrimoniales y más libros sobre el matrimonio que en cualquier otro tiempo de la historia de la iglesia. Sin embargo, en el tema del matrimonio ellos están fracasando.

Es aun más triste cuando usted mira cincuenta o cien años atrás y ve que en aquel tiempo más personas en la iglesia permanecían casadas. Recuerde que eso era antes de que existieran los ministerios sobre el matrimonio en general. A pesar de que la consejería matrimonial y las conferencias eran escasas en el mundo cristiano, más gente permanecía unida en matrimonio.

¿Cuál es la razón? Una puede ser que las generaciones anteriores a nosotros comprendieron el acuerdo de la fidelidad. Tomaron el pacto del matrimonio muy en serio. Se les enseñó acerca del significado bíblico del pacto. Hoy muchos han perdido la perspectiva del sencillo significado de este acto. En los tiempos bíblicos, cuando una pareja se matrimoniaba, como parte de la ceremonia ellos cortaban un animal en dos, permitiendo que la sangre y las entrañas del animal se desparramaran por todos lados frente a los dos contrayentes. Entonces ellos caminaban entre las partes del animal y hacían su acuerdo diciéndose el uno al otro: «Si no mantengo mi acuerdo, que me ocurra peor que lo que a este animal le ha sucedido». Eso es lo que se llama un acuerdo para ser fiel.

Recuerdo cuando Lisa y yo nos comprometimos. Tomamos nuestro compromiso con mucha seriedad. Leímos cada libro habido y por haber y escuchamos cada cinta sobre la preparación para el matrimonio y el matrimonio en sí que pudimos encontrar.

Lisa y yo recorrimos el camino al altar y dijimos nuestros votos de «hasta que la muerte nos separe». Somos absolutamente serios sobre esto. En nuestros corazones el divorcio no es una opción. Estamos comprometidos para ir a través de las varias etapas de la vida lidiando con los asuntos y sintiendo el dolor y el gozo de una vida *juntos*.

A menudo le digo en broma a Lisa que le estoy pidiendo a Jesús que me permita tenerla como mi esposa durante aquellos mil años en que Cristo esté en la tierra. En realidad amo a Lisa y estoy comprometido con ella para toda la vida, de la misma forma que ella lo está conmigo.

TIPOS DE FIDELIDAD

Antes de avanzar a nuestro acuerdo de fidelidad, pensé que sería una gran idea discutir los varios tipos de fidelidad hacia su cónyuge, con los cuales usted se compromete de por vida.

Fidelidad espiritual

La fidelidad espiritual es una forma crucial de fidelidad en el matrimonio cristiano. Esta significa poner a Dios primero con absoluta lealtad. Esto representa que usted como individuo desarrollará y mantendrá el músculo espiritual de la fidelidad a través de la oración, el estudio, el compañerismo y el servicio. Nosotros expresamos la fidelidad a Dios de forma individual mediante la aspiración de conocerle, amarle y servirle solo en una medida cada vez mayor conforme avanza nuestra vida.

Como individuos, somos fieles a Dios. Este es el primer aspecto y probablemente el más crítico de la fidelidad. Si no mantenemos una relación individual con nuestro Señor y Salvador Jesucristo, debilitamos el cimiento mismo de nuestro matrimonio.

La fidelidad espiritual también significa que nos ponemos de acuerdo para crecer juntos hasta la estatura de Cristo. Nos comprometemos al principio de buscar juntos a Dios.

Quiero dedicar un momento a explicarle una gran idea que ha resultado de ayuda a los matrimonios que asisten a nuestras conferencias sobre la intimidad, las cuales desarrollamos alrededor del país. La mayoría de ustedes han aceptado a Dios como Padre. Las enseñanzas de Jesús sobre Dios a menudo usan la analogía de Dios como un Padre. No creo que alguien que sea cristiano podría discutir que Dios es nuestro Padre.

Sin embargo, quisiera avanzar un paso más. Dios no solo es su Padre, él además es su *Suegro*, ya que también es el Padre de su cónyuge. Por lo tanto, él es un Suegro que todo lo sabe y está presente en todo lugar. Él ve cómo usted trata a su esposo o esposa y cómo habla de ella o el, y con otros.

En la mayoría de las parejas que se casan, estoy seguro de que ambos individuos mantienen una relación con sus suegros naturales. Para algunos esto puede incluir ciertos días feriados al año, llamadas telefónicas ocasionales, visitas o vacaciones juntos.

¿Puede usted imaginar bajo circunstancias normales casarse con su cónyuge y nunca ver a sus suegros de nuevo? Eso sería extraño en el mejor de los casos y grosero en el peor. No obstante, eso es exactamente lo que algunos cristianos hacen con Dios. Es como si dijeran: «Gracias por la esposa». Sin embargo, nunca traen a estas de vuelta a su Suegro Dios. No oran juntos, y rara vez discuten la voluntad de Dios o su Palabra. Ah, no les importa ir a la iglesia, pero en privado nunca van a visitar al Suegro, que no solo les dio una esposa cristiana, sino que hizo en especial a esa persona particular justo para él o ella.

Parte de la fidelidad espiritual significa ser fiel para pasar un tiempo espiritual juntos. Esto incluye orar juntos, tener tiempos de adoración como matrimonio, adentrarse en la Palabra, mantener conversaciones espirituales y buscar la voluntad de Dios para cada uno y para la familia. El acuerdo del amor de la fidelidad es definitivamente uno que incluye la fidelidad espiritual.

Es posible que usted tenga un cónyuge inconverso o difícil. Sin embargo, mantenga su propia fidelidad espiritual.

En una conferencia llamada «Vencer en el matrimonio» en la que hablé, hubo un tiempo en el que los matrionios oraron juntos. Al día siguiente un hombre compartió un testimonio diciendo que la oración que él y su esposa hicieron juntos el día anterior había sido la primera que ellos habían hecho como pareja en veinte años. Esto fue en realidad un testimonio de fidelidad a Dios y de Dios avanzando para traerlos a un nuevo nivel de fidelidad espiritual.

Fidelidad emocional

La fidelidad emocional es también una parte importante de

la fidelidad marital. La fidelidad emocional significa que su cónyuge es la persona con quien usted comparte su corazón y su ser emocional. Su cónyuge no debe estar en segundo lugar después de sus padres, amigos, colaboradores o incluso de sus hijos. La fidelidad emocional significa poner a su cónyuge primero en sus relaciones con absoluta lealtad. Es la persona a quien usted le permite ver en el centro de su ser.

Como consejero cristiano, me doy cuenta de que usted puede tener poco o ningún entrenamiento en la comprensión de las emociones. Si es así, le recomiendo mucho mi libro *Intimidad: Una guía de 100 días para las relaciones duraderas*. En este libro presento un ejercicio sobre los sentimientos que como matrimonio pueden realizar para identificar y comunicar sus sentimientos el uno al otro.[1] Toma alrededor de noventa días lograr un buen nivel de destreza en las emociones.

Una vez que usted tenga esta habilidad, le será mucho más fácil permanecer y crecer en la fidelidad emocional con su cónyuge. Estoy también muy contento de que puedo compartir mi corazón y sentimientos a diario con Lisa. Gracias a esta conducta firme, ella es la persona más segura en la tierra para mí.

Fidelidad sexual

La fidelidad sexual es quizá la primera idea de fidelidad que surgió en su cabeza cuando comenzamos la conversación sobre este tema. *La fidelidad requiere una devoción exclusiva del uno al otro.*

Usted le expresa fidelidad a su esposo al preservar la exclusividad sexual de su relación. Esta debe ser mantenida como una prioridad tope en su matrimonio.

Como consejero que ha trabajado por más de diecisiete años con hombres sexualmente adictos, nunca conocí a uno que no lamentara su elección de cometer adulterio. La fidelidad sexual es más que solo no tener sexo físico con otra persona. La fidelidad sexual significa que su esposa es la única persona con quien usted tiene una conducta sexual… *incluyéndose a usted mismo.*

La autosatisfacción sexual resulta destructiva en la mayoría de los casos. Toma el vínculo químico del esposo y la esposa y lo adjunta a una fantasía o a la pornografía.

La pornografía debe ser eliminada por completo. A menudo hablo en las conferencias «Sexo, hombres y Dios» a través de los Estados Unidos y alrededor del mundo. Voy a iglesias católicas, presbiterianas, metodistas, bautistas y prácticamente de toda denominación existente. No importa la denominación, cuando solicito que levanten la mano aquellos que creen que están luchando con una adicción sexual, el cincuenta por ciento de los hombres en mis conferencias levantan sus manos.

Creo que si las esposas les hicieran a sus maridos dos pre-guntas, los hombres estarían más dispuestos a sincerarse y a recibir más ayuda para su problema. Estas dos preguntas son:

- «¿Cuándo fue la última vez viste pornografía?»
- «¿Cuándo fue la última vez que te masturbaste?»

He notado que cuando los hombres comienzan a responder a estas preguntas con honestidad, comienzan a sanar.

Bloquear la Internet es muy crítico para la fidelidad sexual. En nuestra página www.intimatematters.com tenemos un blo-queador de porno disponible para los visitantes, así también como cartas y materiales para aquellos que luchan en esta área.

Una opción de este bloqueador de pornografía es que usted puede colocarlo de tal manera que cada golpe en una tecla del ordenador genere un correo electrónico a una persona a la que usted le rinde cuentas. Dicha persona puede de esta manera estar al tanto de lo que usted está viendo en el Internet.

Vivimos en una cultura muy enferma sexualmente hablando. Tenemos que ser sabios. La fidelidad sexual también incluye no flirtear o brindar energía sexual a otras personas. *Mantenemos la fidelidad sexual evitando incluso una insinuación de interacción o flirteo con otra persona.*

La fidelidad sexual es uno de los grandes acuerdos que han de guardarse. Las parejas que han hecho este acuerdo —y lo han mantenido— no tienen el daño ni el dolor en su relación matrimonial que otras parejas tienen. Si hay falta de fidelidad sexual en una relación, lleva tiempo recuperarse y confiar. Si usted está luchando con la infidelidad sexual le animo a que de manera inmediata obtenga ayuda e información. Todos necesitamos hacer un acuerdo de ahora en adelante para caminar en fidelidad sexual.

Fidelidad financiera

La fidelidad financiera es también importante en la relación matrimonial. Cada uno ha escuchado acerca de las dos cosas sobre las que la gente más discute en el matrimonio: *sexo y dinero.* Puede que esto sea cierto para la mayoría de las parejas, pero no tiene que serlo en su relación matrimonial.

Es necesario un plan financiero para crear la fidelidad financiera. Y el mismo involucra más que un presupuesto; es un plan de vida. Su plan financiero incluye presupuesto, jubilación, fondos para la universidad y la creación de una riqueza que usted percibe que Dios le ha autorizado a crear.

Su plan incluirá un compromiso a diezmar. Podría escribir todo un libro sobre las bendiciones y maldiciones del diezmar, pero no lo haré. Solo puedo decirle que casi todos los matrimonios que han enfrentado problemas financieros fueron los que no diezmaron. Por otra parte puedo asegurarle que la gente más rica que he conocido alrededor de este país da de forma perenne mucho más que el diez por ciento de sus ingresos para el avance del reino de Dios. Ser financieramente fiel a Dios es una manera de ser financieramente fiel el uno al otro.

Como matrimonio, pónganse de acuerdo en sus gastos. Sin ninguna duda, es probable que uno de ustedes querrá gastar más y el otro ahorrar más; esa es la manera en que Dios los equilibra a ambos.

Dele un vistazo a su filosofía sobre las deudas… su carga actual de deudas y su acuerdo. Es también algo útil para usted que se pongan de acuerdo en la cantidad de gastos independientes que cada uno podrá hacer sin tener que discutir su compra con su cónyuge.

La fidelidad financiera puede ayudar a proveer un servicio de seguridad y de trabajo en equipo que mantendrá su matrimonio fuerte. La madurez en esta área de fidelidad añadirá décadas de bendición a su vida marital.

Fidelidad en su calidad de padres

Con el tiempo la mayoría de las parejas casadas tienen niños, y es mejor cuando los dos padres se involucran en la crianza y el crecimiento de sus hijos en los caminos del Señor. Como padre usted puede hacer su parte siendo un padre compasivo o una madre piadosa, pero no puede controlar la falta o el exceso de responsabilidad de su cónyuge.

Está en su poder, sin embargo, jugar en equipo. Usted puede ayudar a los chicos con las tareas en casa, llevarlos a los eventos y realizar proyectos con ellos. Pero sus hijos necesitan más que su involucramiento en sus actividades... necesitan poder sentir su fidelidad hacia ellos, y preferiblemente sentir que esta proviene de ambos padres.

La disciplina y el discipulado serán realizados de la mejor manera si ambos padres lo efectúan de forma consistente. Cuando usted incluye la fidelidad en su calidad de padre, puede producir un mundo de diferencia en la vida de su familia durante los años de su matrimonio, cuando la paternidad activa está involucrada.

Fidelidad de relación

El matrimonio es una gran relación... es probable que la más grande después de nuestra relación con Jesús. El matrimonio, sin embargo, no es la única relación en la que una persona necesita ser estable y saludable.

Todos necesitamos amigos. Dios nos hizo de tal manera que nos desenvolvemos mucho mejor en la vida si tenemos amigos. Es maravilloso tener amigos que le aman aun cuando vean sus debilidades. Ellos son capaces de hacerle reír al ver sus faltas, pueden estar allí cuando siente dolor, y siempre están disponibles cuando usted necesita una pequeña ayuda extra con la vida.

Me encanta tener amigos. También me gusta que Lisa tenga amigos. Después de haber pasado tiempo con sus amigos ella siempre vuelve a la casa más feliz por el simple hecho de haberse reunido con ellos. Conversan y pueden llamarse para orar.

Solo usted puede ser responsable por su propia fidelidad de

relación. Mantenga algunas relaciones cercanas con personas del mismo sexo. Es maravilloso cuando ve sus números telefónicos en su teléfono celular y sabe que son ellos los que llaman. Va a necesitar amigos, y ellos lo van a necesitar a usted. Ayude a su esposo o esposa a desarrollar sus propias amistades. Usted no puede forzar a su pareja a tener amigos, pero si se ofrece a cuidar a los niños por las noches de tal manera que él o ella tengan un tiempo para sus relaciones, puede alentarle a tenerlos.

Pónganse de acuerdo para tener algunos matrimonios amigos. Esto puede resultar en una gran bendición. Será divertido para cada uno de ustedes y será maravilloso para sus hijos verles a ambos divirtiéndose con otras.

Mi compromiso a ser fiel

Antes de seguir avanzando, detengámonos y hagamos un acuerdo de manera oficial. Primero, yo encuentro que es útil desde el punto de vista personal y profesional admitir cualquier falta de acuerdo en un área antes de hacer uno nuevo. Una vez que usted reconoce su falta, el camino queda libre para que su corazón acepte hacer un nuevo acuerdo y para ordenar que su mente, voluntad y emociones sigan este nuevo acuerdo.

Acuerdo del Amor #1

Seré fiel a mi cónyuge en todo tiempo y circunstancia.

Muy bien, este es un momento para acudir al Señor. Por favor, utilice la siguiente oración como guía para romper con cualquier falta de fidelidad que usted haya mantenido en su relación con su cónyuge.

Señor Jesús, te pido que perdones mi pecado de infidelidad en cualquier aspecto espiritual, emocional, sexual, financiero, en mi calidad de padre o en mis relaciones. Te pido perdón por el impacto que cualquier infidelidad en estas áreas pudo tener en mi cónyuge. Rompo cualquier acuerdo previo con pensamientos, sentimientos o determinaciones en mi vida. Le ordeno a cualquier influencia del espíritu, el alma o el cuerpo que haya estado en acuerdo con estas áreas de infidelidad que salga en el nombre de Jesús.

Ahora que ha roto sus acuerdos con la infidelidad, es hora de hacer un nuevo acuerdo. Este acuerdo es algo que usted dice en voz alta. Ordénele a su corazón realizar un nuevo acuerdo de tal forma que su mente, voluntad y emociones puedan ubicar estos recursos en una nueva dirección.

FIDELIDAD ESPIRITUAL

De forma oficial estoy efectuando un acuerdo para la fidelidad espiritual. Ordeno a mi mente, voluntad y emociones que creen nuevas ideas, sentimientos y conductas para realizar este acuerdo. Estoy comprometido con la fidelidad espiritual a Cristo, sin importar cual sea el propio caminar espiritual de mi cónyuge. Me comprometo a buscar a Dios a través de la oración, la adoración, su Palabra y su comunión, para ser fiel espiritualmente todos los días de mi vida.

Mis metas para la fidelidad espiritual

En esta sección señalamos metas prácticas, conductuales y medibles para que usted las utilice a fin de mejorar su fidelidad espiritual.

Subraye cada una de las metas siguientes que usted se compromete a mantener, y para cada meta que subraye, llene el espacio indicado con la conducta específica que utilizará para alcanzar esa meta:

1. Mi meta es orar a diario.

_____

2. Mi meta es pedirle a mi esposa que ore conmigo a diario.

_____

3. Mi meta es pedirles a mis hijos que oren conmigo a diario.

_____

4. Mi meta es orar por teléfono y en persona con alguien a quien le rindo cuentas.

_____

5. Mi meta es leer la Biblia a diario.

_____

6. Mi meta es leer la Biblia a diario con mi esposa.

_____

7. Mi meta es leer la Biblia a diario con mis hijos.

_____

8. Mi meta es mantener por lo menos una conversación espiritual con alguien a diario.

_____

9. Mi meta es pasar un tiempo en simple adoración a Jesús sin solicitar nada.

_____

10. Mi meta es invitar a mi esposa a que pasemos un tiempo de adoración juntos de una manera regular.

_____

11. Mi meta es invitar a mis hijos a que pasemos un tiempo de adoración juntos.

_____

12. Mi meta es pronunciar una bendición verbal sobre mi esposa.

_____

13. Mi meta es pronunciar una bendición verbal sobre mis hijos.

_____

FIDELIDAD EMOCIONAL

De forma oficial estoy efectuando un acuerdo para la fidelidad emocional. Ordeno a mi mente, voluntad y emociones que creen nuevas ideas, sentimientos y conductas para cumplir este acuerdo de fidelidad emocional. Me comprometo a ser honesto en mis emociones, con mi Dios, mi esposa y conmigo mismo. Me comprometo a aprender y a desarrollar la fidelidad emocional con mi esposa tanto como me sea posible todos los días de mi vida.

Mis metas para la fidelidad emocional

Miremos algunas posibles ideas que resulten prácticas, conductuales y medibles. La fidelidad emocional puede ser un trabajo incómodo para algunos, pero pienso que casi cualquier persona puede mejorar en esta área de honestidad emocional.

Subraye cada una de las metas siguientes que usted se compromete a mantener, y para cada meta que subraye, llene el espacio indicado con la conducta específica que utilizará para alcanzar esa meta:

1. Mi meta es aprender a identificar y comunicar mis sentimientos cada día escribiendo dos de ellos a la par la primera vez que recuerde haberlos sentido.

   _____

2. Mi meta es compartir intencionalmente con mi esposa dos sentimientos que haya experimentado durante el día.

   _____

3. Mi meta es atender mejor a los sentimientos de mi esposa, para lo cual le preguntaré: «¿Cómo te sentiste con relación a esto?»

   _____

4. Mi meta es escribir al final del día dos sentimientos que mi esposa haya compartido conmigo.

   _____

5. Mi meta es compartir por lo menos un sentimiento por día con mis hijos.

   _____

6. Mi meta es escuchar por lo menos un sentimiento por día de mis hijos.

---

7. Mi meta es tomar notas conforme leo la Biblia y hacer hipótesis sobre cómo los diferentes personajes pudieron haber sentido.

FIDELIDAD SEXUAL

De forma oficial estoy efectuando un acuerdo para la fidelidad sexual. Ordeno a mi mente, voluntad y emociones que creen nuevas ideas, sentimientos y conductas para cumplir este acuerdo de fidelidad sexual. Estoy comprometido a tener pureza sexual con mi Dios, mi esposa y conmigo mismo. Estoy comprometido a quitar o detener conductas o creencias que resulten confusas para la fidelidad sexual. Estoy comprometido a la pureza sexual en todo aspecto, ya sea emocional o de conducta, todos los días de mi vida.

Mis metas para la fidelidad sexual

La fidelidad sexual es crítica para la fuerza de un matrimonio. En esta área del matrimonio es crucial tener metas prácticas, conductuales y medibles para llegar a ser exitoso. Aquí están algunas ideas para que usted pueda mantener la fidelidad sexual.

Subraye cada una de las metas siguientes que usted se compromete a mantener, y para cada meta que subraye, llene el espacio indicado con la conducta específica que utilizará para alcanzar esa meta:

1. Mi meta es limitar el entretenimiento que exponga cualquier tipo de fornicación o adulterio.

   _____

2. Mi meta es limitar el entretenimiento que discuta la sexualidad con regularidad.

   _____

3. Mi meta es evitar toda pornografía.

   _____

4. Mi meta es instalar un bloqueador de pornografía con características de rendición de cuentas en las computadoras de mi casa y de mi oficina.

   _____

5. Mi meta es responder con honestidad o hacer preguntas con relación a mi propio comportamiento o a la pornografía.

   _____

6. Mi meta es mantener una conexión con mi esposa cuando estamos en público.

   _____

7. Mi meta es hablar de mi cónyuge cuando me encuentro con personas del sexo opuesto.

   _____

8. Mi meta es no participar en ningún flirteo o broma sexual con nadie.

   _____

9. Mi meta es evitar personas que parezcan estar interesadas en mí o que irradien energía sexual.

___

10. Mi meta es no hablar de las debilidades de mi matrimonio excepto con mi esposa o alguien con quien mutuamente hemos acordado hacerlo.

___

11. Mi meta es ser un amante generoso para mi esposa.

___

12. Mi meta es nutrir a mi cónyuge durante los encuentros sexuales.

___

13. Mi meta es comunicarle con regularidad a mi esposa lo feliz que soy con nuestra vida sexual.

___

14. Mi meta es ser creativo en la manera que mi esposa aprecia la creatividad sexual.

___

15. Mi meta es ser activo en la resolución de las cuestiones sexuales. (Recomiendo el libro *Intimidad: Una guía de 100 días para las relaciones duraderas* para estas discusiones.)

___

16. Mi meta es ser activo en lo concerniente a la información sexual adecuada para mis niños según su edad.

___

FIDELIDAD FINANCIERA

De forma oficial estoy efectuando un acuerdo para la fidelidad financiera. Ordeno a mi mente, voluntad y emociones que creen nuevas ideas, sentimientos y conductas para cumplir este acuerdo de fidelidad financiera. Estoy comprometido a la fidelidad financiera con Dios, mi esposa y conmigo mismo. Estoy comprometido a eliminar conductas o creencias que son contrarias a la fidelidad financiera. Estoy comprometido a la fidelidad financiera en todo aspecto emocional o de conducta, todos los días de mi vida.

Mis metas para la fidelidad financiera

Puesto que las finanzas son una de las áreas en las que las parejas pueden tener tensión, esta es una gran área para tener metas prácticas, conductuales y medibles. He aquí unas pocas ideas para que usted las considere.

Subraye cada una de las metas siguientes que usted se compromete a mantener, y para cada meta que subraye, llene el espacio indicado con la conducta específica que utilizará para alcanzar esa meta:

1. Mi meta es cumplir con una planificación financiera que cubra aspectos de la jubilación, los fondos para la universidad y el manejo de activos.

_____

2. Mi meta es diezmar.

_____

3. Mi meta es evaluar mis deudas y nuestra filosofía sobre el endeudamiento.

_____

4. Mi meta es discutir todos los meses los asuntos de dinero con mi esposa.

_____

5. Mi meta es evaluar mensualmente los modelos de gasto.

_____

6. Mi meta es tener un acuerdo para no incurrir en gastos sin haberlo discutido con mi cónyuge.

_____

7. Mi meta es no participar en compras unilaterales grandes.

_____

8. Mi meta es tener una revisión anual de nuestro plan financiero.

_____

FIDELIDAD EN CALIDAD DE PADRES

De forma oficial estoy efectuando un acuerdo para la fidelidad en calidad de padres. Ordeno a mi mente, voluntad y emociones que creen nuevas ideas, sentimientos y conductas para cumplir este acuerdo de fidelidad en calidad de padres. Estoy comprometido a la fidelidad en calidad de padres con Dios, mi esposa y conmigo mismo. Estoy comprometido a eliminar conductas o creencias que son contrarias a la fidelidad en calidad de padres. Estoy comprometido a la fidelidad en calidad de padres en todo aspecto emocional o de conducta, todos los días de mi vida.

Mis metas para la fidelidad en calidad de padres

Ser padres es un trabajo duro, sin importar quién sea usted.

Mi esposa Lisa tiene el don de la administración. Antes de que ella trabajara para mí, cuando dejaba su trabajo, normalmente se requería de dos personas para su reemplazo. Sin embargo, a veces he observado que el ser padres nos abruma a ambos. El contar con un plan práctico, conductual y medible, en realidad puede ayudar a un matrimonio en los primeros años de la crianza de los chicos.

Subraye cada una de las metas siguientes que se compromete a mantener, y para cada meta que subraye, llene el espacio indicado con la conducta específica que usted utilizará para alcanzar esa meta:

1. Mi meta es leer un libro sobre la paternidad por trimestre.

   _____

2. Mi meta es discutir sobre una disciplina de común acuerdo con mi esposa e hijos.

   _____

3. Mi meta es recoger a los chicos en el colegio_____ veces por semana.

   _____

4. Mi meta es hacer las tareas con los chicos _____ veces por semana.

   _____

5. Mi meta es orar con mis hijos _____ veces por semana.

   _____

6. Mi meta es leer la Biblia con los niños _____ veces por semana.

   _____

7. Mi meta es ayudar con el lavado de la ropa _____ veces por semana.

_____

8. Mi meta es cocinar o limpiar después de las comidas _____ veces por semana.

_____

9. Mi meta es darle a mi cónyuge un descanso total de mis niños y mi persona _____ veces por mes.

_____

10. Mi meta es salir con cada niño en una «cita» conmigo a solas _____ veces por mes.

_____

FIDELIDAD EN LAS RELACIONES

De forma oficial estoy efectuando un acuerdo para la fidelidad en las relaciones. Ordeno a mi mente, voluntad y emociones que creen nuevas ideas, sentimientos y conductas para cumplir este acuerdo de fidelidad en las relaciones. Estoy comprometido a la fidelidad en las relaciones con Dios, mi esposa y conmigo mismo. Estoy comprometido a eliminar conductas o creencias que son contrarias a la fidelidad en las relaciones. Estoy comprometido a la fidelidad en las relaciones en todo aspecto emocional o de conducta, todos los días de mi vida.

Mis metas para la fidelidad en las relaciones

Como se dijo antes, usted y yo necesitamos amigos para mantenernos sanos individualmente. Esta es un área a menudo descuidada, en especial durante la crianza de los hijos. Esta área necesita algunas metas prácticas, conductuales y medibles para que pueda tener éxito y ser intencional en sus relaciones.

Subraye cada una de las metas siguientes que se compromete a mantener, y para cada meta que subraye, llene el espacio indicado con la conducta específica que usted utilizará para alcanzar esa meta:

1. Mi meta es hacer una lista de las personas de mi mismo sexo que pueden ser opciones como amigos.

   _____

2. Mi meta es llamar a estos amigos potenciales de mi lista para intentar reunirnos.

   _____

3. Mi meta es reunirme en realidad con un amigo o un amigo potencial _____ veces por mes.

   _____

4. Mi meta es contactar amigos que he tenido en el pasado para restablecer nuestra relación.

   _____

5. Mi meta es tener un amigo para propósitos específicos de mi vida (espiritual, entretenimiento, ejercicio, interés mutuo).

   _____

6. Mi meta es darle a mi cónyuge _____ ocasiones por mes para encontrarse con sus amistades.

   _____

7. Mi meta es hacer una llamada un par de veces por semana a mis amigos.

8. Mi meta es conseguir las direcciones de correo de mis amigos para estar en contacto.

9. Mi meta es tener personas en casa _____ veces al año.

PERMANECER COMPROMETIDO

¡Vaya! Usted acaba de hacer su primer acuerdo del amor… y ha establecido metas que le ayudarán a mantenerse comprometido con su acuerdo de fidelidad. Sin duda, algunas de las facetas de su definición de metas para ser fiel le resultaron más difíciles de hacer que otras. Efectuar este acuerdo del amor le traerá claridad a los aspectos de la fidelidad en los que usted ya está tratando de avanzar.

Su nuevo acuerdo de fidelidad le ayudará a fortalecer esas áreas relacionadas con la fidelidad en las que era menos que fuerte en su vida.

Sin importar su experiencia, usted y yo sabemos que es necesario más que una declaración para moverse de lo ideal a lo conductual. Muchas veces usted ha hecho compromisos para perder un par de libras y… bueno… no ocurrió conforme a lo planeado.

Está bien. Como consejero conozco que la gente necesita de un plan a seguir y por el cual responder ante alguien a fin de en verdad poder tener éxito en la ejecución del mismo. En estas secciones finales del capítulo quisiera exponer algunos planes de conducta para ayudarle a ser exitoso en su acuerdo del amor de la fidelidad.

Recuerde que los acuerdos del amor son *conductuales*. Son los cambios en la conducta los que comienzan a establecer una diferencia en su interior y después se mueven hacia el sistema de su matrimonio. Recuerde también que llevará más de un día o una semana para ver alguno de estos cambios.

La clave para ser exitoso en los acuerdos del amor es contar con un plan y tener un socio del mismo sexo ante quien rendir cuentas. Sugeriré alguna de las ideas que me han servido a mí y a otros, las cuales podría querer incorporar en su plan. Estas son solo ideas, con el tiempo usted establecerá su propio plan. Sus ideas serán iguales o mejores puesto que está más familiarizado con su propia situación de lo que puedo estarlo yo. ¡Comencemos!

MEDIR

Ahora que ha escrito su plan de conducta para alcanzar sus metas, quiero que sea exitoso dentro de los límites de este plan. He descubierto por mí mismo y por medio de algunos clientes que si este es medible, es mucho más probable que tenga éxito.

Cada ocasión —y sí, han habido algunas— en que trato de perder peso, tengo dos opciones: Sin medición y no intencional; o midiendo e intencional. Usted verá, cuando uno comienza con la cantaleta de que a-la-verdad-quiero-perder-peso, si no hago nada más que eso, de forma habitual no pierdo peso ninguno. Puede ser que aun tenga la idea de un plan, pero no sigo de modo sistemático lo que eso implica. Mis ideas son muy vagas, algo así como comida y ejercicio, pero los detalles se vuelven difusos.

Ahora, cuando me dispongo a medir y ser intencional, entonces si voy en serio. Consigo un pedazo de papel. En esta ocasión escribo las categorías de las metas para mi plan. Y las categorías pueden ser:

1. Ejercitarse cada día por espacio de quince minutos.

2. Eliminar el azúcar innecesario.

3. No comer pasadas las cinco de la tarde.

4. Escribir mi peso cada día (para contar con una realidad de hechos).

A continuación mido estas metas a diario.

Ahora, sé que soy medio tramposo, así que conozco que puedo engañarme a mí mismo. Para evitar cualquier idea que me lleve a incumplir mis metas pego las mismas en mi espejo, donde me rasuro. De esta forma tengo que enfrentar estas metas cada día. Tengo que chequear cada una de las categorías de mis metas. Si me pongo perezoso y no chequeo mis metas aun cuando esté fallando, sé que no seré honesto en lo que concierne a perder peso.

Me repito de continuo una frase que le he dicho a mis clientes por años: «Cree en la conducta». Como usted verá, una cosa importante que he aprendido a través de los años es que la conducta siempre dice la verdad. Las palabras y las intenciones le pueden engañar, pero la conducta de una persona siempre es verdad. Los aspectos de medición nos permiten ver la verdad concerniente a nosotros mismos. Una vez que sabemos la verdad, esta nos hará libres para crecer.

Conforme usted camine a través de los acuerdos del amor le recomiendo de forma vigorosa —y quiero decir vigorosamente— alguna manera de medir su conducta para que sea comparada con su meta. Si usted tiene como padre la meta de efectuar el lavado de la ropa dos veces por semana, entonces mídase a sí mismo. Confeccione un cuadro que cubra todo un mes y péguelo en su espejo o pared durante ese mes. Escriba la meta en la parte superior del papel y cada día registre su progreso. Si usted alcanza su meta de dos veces a la semana con regularidad, después de un tiempo se sentirá bien gracias a su progreso.

Este proceso de medición funciona en realidad. Recuerdo un tiempo atrás cuando Lisa y yo estábamos conversando acerca de cómo ella se sentía porque supuestamente yo no estaba ayudando lo suficiente en mi casa. Ella afirmó que solo quería cinco minutos al día de mi parte en los que recogiera, doblara la ropa o lavara los platos.

Puesto que viajo con regularidad para hablar en conferencias o como invitado en la radio y la televisión, sé que cuando no estoy en casa no le puedo ofrecer mucha ayuda. Pero sentía en realidad que cuando estaba en casa era útil intencionalmente. Así que decidí practicar lo que predico.

Fui a uno de los cajones de la cocina —todos tenemos uno en el que tenemos de todo— y agarré una libreta y un bolígrafo. Hice una lista de treinta días y dejé una columna para registrar mi progreso diario. Después comencé a llevar un registro de cuándo comenzaba y acababa de hacer algunas cosas en la casa. Hice esto por tres meses. Mientras estaba en casa promedié entre treinta y cuarenta y cinco minutos cada día, en los cuales ayudé a mi mujer con los quehaceres de la casa.

Al final de los tres meses le pregunté a Lisa si necesitaba que continuara haciendo esto por un cuarto mes. Ella me dijo que no era necesario seguir midiendo mi conducta de servicio. De forma sorprendente no hemos vuelto a tener esa conversación desde entonces.

Medir funciona. Hace años Lisa afirmaba de continuo que pensaba que había algo malo con mi oído. Después de un tiempo fui para que chequearan mi sistema auditivo. El examen de hecho mostró que mi oído era muy bueno. De nuevo, medir los hechos sobre mi capacidad física de escuchar acabó con un tema de conversación recurrente.

Cuando usted mide, se basa en hechos. Cuando usted no mide conductas y hechos, se queda con sus sentimientos o los sentimientos de su esposa. Y cuando todo lo que tiene es sentimientos y discusiones, las peleas pueden continuar por años.

Así que cuando realice un acuerdo del amor, por favor mídase a sí mismo. Usted merece conocer la realidad conforme progresa. Este simple factor de medir marcará la diferencia entre leer un libro más sobre el matrimonio y ver los cambios que usted anhela.

RENDICIÓN DE CUENTAS

Rendir cuentas es una mala palabra para el grupo de personas de «sentimientos sensibles» que solo desean «creer en el cambio». Estos son aquellos que quieren *creer* en vez de *comportarse*. Si usted es uno de ellos, esta sección puede resultarle difícil de procesar.

La rendición de cuentas es una de las fortalezas más importantes que un cristiano puede usar en su caminar con Dios. He trabajado con muchos hombres cristianos que luchan contra la adicción sexual. Esta adicción es una de las más severas que una persona puede tener. Y la rendición de cuentas es una de las mayores estructuras que alivian ese poder y pueden mantenerlo aplacado por toda una vida.

Con la rendición de cuentas usted puede maximizar por completo los acuerdos del amor. Todos queremos el éxito en varias áreas de nuestras vidas. He descubierto que la rendición de cuentas mejora las probabilidades de éxito. Para muchas parejas, la rendición de cuentas es el poder detrás de la consejería marital. En la consejería marital, el matrimonio asiste a sesiones con regularidad y se sienta frente al terapeuta. El terapeuta revisa las metas de la cónyuge y sus argumentos. La rendición de cuentas por sí misma ha motivado a muchas parejas a seguir hasta el fin de manera efectiva.

Rendir cuentas es solo traer a alguien al círculo en el que usted está. Es permitir que esa persona sepa en qué acuerdo del amor o qué faceta de un acuerdo del amor está trabajando. Usted establece algunos momentos para reunirse o llamarse y así revisar sus metas y los hechos de su conducta. Esto le ayuda de una forma tremenda a mantener buenos registros de su conducta durante su proceso del acuerdo del amor. A veces tal cosa puede al mismo tiempo convertirse en una oportunidad para rendir cuentas mutuamente, por lo cual, usted y su socio discuten sus metas individuales y se ayudan el uno al otro a evaluar el progreso que ambos están realizando.

Una persona a la que se le rinde cuentas puede ser prácticamente cualquiera del mismo sexo. Si la persona es cristiana, esto será útil porque la misma entenderá por qué usted hace lo que está haciendo. Alguien a nivel local puede resultar mejor que alguien que está lejos. Se sorprenderá de cómo esto puede hacer milagros en su vida conforme usted avanza a través de todos los acuerdos del amor.

La fidelidad es un cimiento de los acuerdo del amor. Como expliqué antes, este acuerdo cubre muchas más áreas de su matrimonio que solo la lealtad. La fidelidad puede llegar a ser un estilo de vida increíble. Conforme usted avanza a través de las varias facetas de la fidelidad con sus metas, medidas y rendición de cuentas, va a ser muy proclive al éxito en el sentido de volverse fiel.

$\mathscr{A}$CUERDO DEL $\mathscr{A}$MOR #2

No trataré de cambiar las cosas que me disgustan de mi cónyuge,

sino modificaré los comportamientos míos que le molestan.

Capítulo cuatro

Acuerdo del amor #2:

PACIENCIA

Póngase cómodo, encuentre una silla acogedora, y ponga sus pies para arriba para este acuerdo del amor sobre la paciencia. Todos necesitamos crecimiento en esta área. Y estoy seguro de que en lo profundo, usted sabe que no es tan paciente como podría ser —o tan paciente como a Jesús le gustaría que fuera— con la persona más preciosa de su vida, su cónyuge. Sé que no lo soy con Lisa.

Pero antes de que comience a sentirse culpable y se salte este capítulo, déjeme alentarlo con lo siguiente: *¡Puede cultivar la paciencia en su vida!* Recuerde que la paciencia es un fruto, y el fruto lleva tiempo para cultivarse. Un árbol de frutas necesita nutrientes, agua y luz, y para que usted cultive la paciencia también necesitará los nutrientes de la Palabra de Dios, el agua de su Espíritu y la luz de la honestidad en su corazón conforme él expone su impaciencia. Recuerde que la paciencia está tan solo a un paso de distancia de un mejor carácter (véase Santiago 1:2-4).

En lo que a mí respecta, no me gusta el proceso que tengo que atravesar cuando estoy aprendiendo a tener paciencia *inintencionadamente.* El proceso no intencionado de aprender a ser paciente a menudo causa que aprenda a serlo a través de dificultades que tengo que soportar y períodos de prueba. Hay una mejor manera de aprender a tener paciencia. Y es aprendiendo mediante un proceso *intencional, medible* y de *rendición de cuentas*.

Antes de poder mirar de manera más cercana a este proceso intencional, permítame ayudarle a comprender el corazón de Dios cuando llegamos al tema del matrimonio. Muchas cónyuges están confundidos sobre el propósito del matrimonio. Muchos estadounidenses tienen una noción en especial defectuosa de que el propósito del matrimonio es hacernos felices.

Si usted se casa pensando que se supone que el matrimonio lo hará feliz, ambos, usted y su esposa quedarán muy desilusionados. No es el propósito del matrimonio —o la responsabilidad de su esposa— hacerle feliz. *No, la felicidad es una responsabilidad individual*. Yo soy responsable de ser feliz. Si no lo soy esa es mi sola elección. Lisa, mi hermosa esposa, no me puede hacer feliz. Yo no podría poner esa carga sobre nadie. Sería cruel imponer tal expectativa sobre su cónyuge o cualquier otra persona.

Si vemos al matrimonio desde la perspectiva de Dios, descubriremos que el propósito de Dios en el matrimonio es hacernos más semejantes a Cristo. He aquí la idea. Dios elige a alguien que no es como usted, alguien que es diferente en muchas maneras. Al cabo del tiempo, a través del Espíritu de Dios, usted comienza a cambiar… y también su cónyuge. Estos cambios los hacen a ambos parecerse más a Jesús conforme avanzan los años.

La meta del matrimonio es facultarlos a los dos para volverse más como Cristo con cada día que pasa. Los acuerdos del amor son tan importantes porque trasladan el enfoque de sus esfuerzos por cambiar a su cónyuge, colocándolo en llegar a ser más semejante a Cristo.

El Espíritu Santo es capaz de moldear su carácter para que se parezca cada vez más al carácter de Jesús a través de la relación que tiene con su cónyuge. Las fortalezas y dones espirituales que yo poseo son muy limitados y una expresión muy fraccionada de la naturaleza de Dios. Las fortalezas y dones que mi esposa Lisa posee son también apenas un reflejo de su plenitud. Pero juntos, somos más como Cristo. Muchas veces el Señor me ha capacitado para ver su carácter y ser enseñado para parecerme más a él a través de la expresión de Dios en Lisa.

Sin embargo, algunos individuos creen que son la totalidad de la imagen de Dios, y así ellos definen un curso para transformar o cambiar a sus cónyuges a su propia imagen. Si es que son organizados, se programan para hacer que su cónyuge sea organizado. Ser organizado es bueno, pero aun Dios a ratos es desordenado. Él controla las grandes tormentas y a veces deja grandes desbarajustes.

En los primeros días de mi caminar cristiano aprendí que cuando el Espíritu Santo llega a su vida, él es enviado con una misión: matar todo lo que no luce como Cristo. Él va a destruir su personalidad de forma sistemática y a reemplazarla con la personalidad gloriosa de su Hijo Jesucristo, Rey de reyes y Señor del cielo y de la tierra.

Así que no valore demasiado su personalidad. Es un asunto de tiempo hasta que el Espíritu Santo efectúe progresos en ella. No se aferre a su personalidad...: ¡dispóngase a tomar la personalidad de Cristo! Es un día glorioso cuando en su caminar cristiano usted desea la personalidad de Cristo más que la que posee. Esta es una gran postura para estar listo y efectuar el acuerdo del amor de la paciencia.

Hay ocasiones en cada relación matrimonial cuando su cónyuge le va a causar irritación. Tal cosa es un hecho en el matrimonio. Todos los que estamos casados hemos experimentado y experimentaremos esto, probablemente hasta la muerte.

La manera como usted lidie con las molestias de su cóyuge es algo crítico. Siempre recuerde que a pesar de que su cónyuge es imperfecto, es un hijo o hija del Dios Altísimo. La forma en que usted trate a su cónyuge es importante para su relación con Dios.

Permítame darle un ejemplo práctico. Supongamos que usted tiene dos niños. El corazón del uno tiende a ser mucho más egoísta, mientras que el corazón del otro se inclina a ser más sinceramente generoso, amoroso y desprendido. Un día surge una situación donde el hijo egoísta tiene una gran oportunidad de compartir con su hermano dos entradas para un evento que ambos disfrutarían.

Pero el muchacho egoísta afirma que quiere llevar a un amigo en vez de a su hermano. Esto, por supuesto, hiere al hijo generoso, pero de todos modos sigue adelante. Más tarde usted descubre que el hermano desprendido le dio veinte dólares a su hermano egoísta para que pudiera disfrutar en el evento. ¿Qué ocurre al instante en su corazón? ¿No quiere bendecir al muchacho generoso de inmediato? Es probable que usted esté desilusionado con el muchacho egoísta, lo que quizá es la razón por la que no le dio dinero para que gastara en el evento, lo cual su hermano generoso hizo.

Recuerde que Dios por cierto también es padre. Él es padre de ambos, de usted y de su cónyuge. Él mira sus interacciones a través del día. Observa quién es más impaciente. Y de acuerdo a Hebreos 12:1 no es el único que los está mirando; ustedes tienen «una multitud tan grande de testigos» observándoles.

Tengo la oportunidad de estar con mucha frecuencia en la radio y la televisión. Me asombra la manera en que las personas actúan cuando una cámara de televisión apunta en su dirección. Las personas son mucho más cuidadosas, y me incluyo, de cómo actúan. Procuro no toser o decir cosas que pueden ser mal interpretadas por aquellos que me están observando. Las cámaras cambian las conductas de la gente.

CONSEJOS PARA LA PACIENCIA

Nunca olvide que Dios lo está observando. En este momento conforme usted lee estas páginas, Dios y sus testigos, los ángeles, lo están observando. Ellos, junto con la gente en su vida, constituyen su audiencia. Usted es el anfitrión de su propio programa en vivo, llamado «Mi show». ¿Cuántas grabaciones de sus acciones diarias quisiera que estuvieran disponibles en la tienda de videos del cielo? En el caso de que esté sintiendo la necesidad de trabajar en su persona en presencia de estos seres celestiales, he provisto algunas sugerencias que de seguro harán que su audiencia sonría.

Oración

La primera sugerencia que deseo compartir con ustedes es la oración. Pero no ore solo por paciencia. Estoy seguro de que usted habrá escuchado la historia de un predicador acerca de un hombre que oró por paciencia y que en un día perdió su trabajo, su casa se quemó y se le ponchó un neumático. Por supuesto eso es un mito, pero muchos de nosotros tenemos preocupación en cuanto a orar por este fruto.

Si es que intencionalmente no está procurando cultivar este fruto, el proceso puede ser más doloroso de lo que requiere ser. Sin embargo, si usted desea cultivar el fruto espiritual, tengo una oración segura por paciencia que puede hacer. Léala y mire a ver qué piensa.

Señor, ayúdame a responder con paciencia a mi cónyuge en este día.

Esta oración puede ayudar si se hace de forma diaria. Usted puede añadir:

Deseo expresar tu amor paciente hacia mi cónyuge hoy. Dios, sé que mi cónyuge es también tu hijo. Tú fuiste herido y moriste por cualquier pecado que mi cónyuge —o yo— cometamos hoy. Por favor Señor, permíteme expresar tu paciencia en este día al responderle a mi cónyuge.

Una oración intencional y con enfoque puede mantenerlo conciente del fruto de su acuerdo, de tal forma que su cónyuge pueda saborearlo de usted hoy. Imagínese cómo se sentiría si su cónyuge estuviera orando esta misma oración hoy. Imagínese si dos cónyuges hicieran esta oración dentro del mismo matrimonio. Imagínese si ellos continuaran haciéndolo hasta que al final, de manera regular, pudieran responder pacientemente.

Imagínese lo que esto haría por sus niños. Ellos en realidad observarían a sus dos padres siendo pacientes el uno con el otro. Imagínese la influencia que esto tendría en la fe y el carácter de sus niños. Sé que tan solo estamos soñando, pero los sueños a menudo se vuelven realidad para quienes oran y obran para ser la respuesta a sus propias oraciones.

Desprendimiento

La segunda sugerencia que le puede movilizar hacia la paciencia proviene del desprendimiento. Muchas parejas caen en creencias raras. Algunos creen que su cónyuge trata con deliberación de ser ofensivo o infringe dolor a propósito. Oh, yo sé que cada cierto tiempo muchos de nosotros nos ponemos de tal humor que deliberadamente tratamos de frustrar o enojar a nuestro esposo o esposa haciendo algo incorrecto debido a nuestra falta de paciencia. Pero por sobre todo, su cónyuge no está provocándole.

Es importante que evite creer que cada cosa molesta que su cónyuge hace, la realiza para fastidiarle. No todo tiene que ver con usted. Es muy probable que tuviera tal comportamiento aun antes de casarse. Solo está mostrando su propia naturaleza humana caída y en pecado.

El desprendimiento le permite dar un paso atrás y desechar la situación. Incluso puede que necesite dar un paso atrás y decir en voz alta: «Esto no se trata de mí. Tiene tan solo que ver con él/ella. Mi cónyuge no está tratando de ser rudo/a ni malévolo/a, es solo su forma de ser». Si usted puede retroceder, va a poder reaccionar con más paciencia ante este comportamiento.

La forma en que piensa personalmente acerca del comportamiento de su cónyuge dictamina como usted responderá. Si ve a la conducta como un ataque personal, creyendo que su cónyuge lo quiere provocar, es probable que su respuesta sea menos paciente. Pero si considera que solo es la forma de ser de la persona, será capaz de desligarse lo suficiente para ser paciente.

La manera de ver el comportamiento de su cónyuge es su elección. Este no controla la forma en que usted la ve. Pero usted sí controla el hecho de que puede ver su comportamiento como parte de la bendición de tener un cónyuge imperfecto y humano que le ama… no como una guerra sin cuartel de un extraño que busca atacarlo o robarle el gozo de su vida.

Debe rehusarse a ver los caprichos fastidiosos de su compañero como ofensas deliberadas. Esto es una elección… usted puede escoger rechazar su interpretación previa del comportamiento de su consorte al elegir una manera más paciente de responder.

«Deténgase»

Después de que usted aplica la oración y el desprendimiento, una tercera sugerencia que le ofrecería en el área de la paciencia es «detenerse». Es decir, deje de creer que tiene el poder de cambiar a su cónyuge y de comportarse como si así fuera. Dios nunca le ha ordenado que le cambie. Él solo le ha pedido que la ame. En ninguna parte de las Escrituras usted verá que Dios le dice: «Ve y cambia a tu cónyuge».

Solo Dios puede cambiar a una persona. La jurisdicción del poder es para cambiarnos a *nosotros mismos*. Más allá de cambiarse a sí mismo, no tiene poder. Usted es y siempre será incapaz de cambiar a ningún ser humano, incluyendo a su esposo o esposa.

Al principio la incapacidad parece difícil. Pero cuando usted en realidad acepta su propia incapacidad hacia su cónyuge, al fin está viviendo la realidad. Una vez que usted conoce la realidad estará menos enfadado y será menos controlador. En realidad puede ser que usted se percate de que es más paciente. Y lo que está haciendo es aceptar la realidad. La realidad es que usted no puede cambiar a su esposo o esposa.

Le animo a que se detenga y deje de hacer lo que Dios a

hecho imposible de hacer. ¡Puede ser que quiera también tratar de levantar desde el banco una barra con quinientas libras de peso! Si *cree* que usted está supuesto a ser capaz de levantar esas quinientas libras, literalmente va a tratar de hacerlo. Después de que haya fracasado va a seguir tratando una y otra vez. Con el tiempo, se va a enfurecer con las quinientas libras por ser quinientas libras de peso. Gritará, chillará, mirará en mala forma, y hará todo aquello que cree que puede ayudar a conseguir que el peso coopere con su defectuosa realidad. A usted se le van a ocurrir todo tipo de ideas para levantar las quinientas libras. Tratará de ser más fuerte, quizá consiga a otros para que le ayuden a manipular este peso, tomará esteroides, intentará diferentes configuraciones relacionadas con la ubicación de las pesas sobre el banco. Todos estos comportamientos fuera de control tienen lugar solo porque usted está creyendo una mentira. La mentira de que se supone que usted puede levantar quinientas libras.

Ahora esto puede sonar tonto, pero dedique un momento para hacer el libro a un lado y pensar en todas las maneras tontas en las que ha tratado de cambiar a su cónyuge, comience desde el primer año de matrimonio, todo el recorrido hasta el último mes. Apuesto que hay una columna de esfuerzos fallidos de cambiar a su consorte, y todo porque usted cree una mentira.

¿De dónde vino la mentira de que usted puede cambiar a su cónyuge? Dios no le dijo esa mentira. Usted obtuvo esa mentira directamente del enemigo. De la misma manera que Dios está procurando cultivar el fruto de su Espíritu en su vida, así también el diablo intenta cultivar el fruto de la contención, la discordia y la pelea en su existencia. No dé cabida a las semillas del diablo en su vida. Una semilla solo puede producir lo que ella es. Las manzanas producen manzanas y las mentiras producen contiendas.

Descubrí que cuando fui capaz de renunciar a la mentira de que podía cambiar a Lisa, pude relajarme. Después de que me tranquilicé me di cuenta de que estaba mucho más dispuesto a aceptar lo que ella en realidad es. No necesitaba que fuera mejor a fin de poder amarla más. Comencé en realidad a amarla, llegando a gustarme todavía más, y la paciencia pareció ser algo mucho más fácil para mí.

¿De qué manera ocurre el cambio? El cambio ocurre como una reacción o una acción hacia sus circunstancias. Así que su transformación puede influenciar el cambio.

Existe otra manera en la cual el cambio puede darse. Este es un secreto poderoso que he aprendido en el camino del matrimonio. Para utilizar este secreto, usted tiene que ser pulcro en su comportamiento hacia su cónyuge. Si su hoja de servicio no es limpia, este secreto va a fracasar, así que tenga cuidado.

Comience preguntándose a sí mismo con toda honestidad cómo son sus actitudes, comportamientos y el servicio hacia su esposa. Si usted se siente bien con relación a estas cosas, proceda. Diríjase a aquel que diseñó, creó, dio a luz, nutrió y vistió a su esposa todos estos años... a su Padre, el Dios vivo de todos los cielos y la tierra.

Reconozca quién es él, y le recomiendo que le agradezca por la persona que su cónyuge es. Luego acérquese a él con delicadeza y dígale sobre la situación o dificultad que está teniendo con su hija o hijo... su cónyuge. Solo Dios tiene el poder para cambiarlos a ambos, a usted y a su cónyuge.

Haga entonces la parte peligrosa. Pregunte si el problema es *usted*.

Padre y Suegro Dios, si estoy creyendo o actuando equivocadamente o en cualquier forma errado, corrígeme. Cámbiame y no me permitas ser malo en manera alguna con tu precioso hijo o hija… mi cónyuge.

Luego quédese en silencio y vea si es que el Dios del cielo y de la tierra tiene algo que decirle. Si lo hace, agradézcale por la corrección. Arrepiéntase y siga su instrucción de manera inmediata.

Si no le habla con corrección y su propio corazón no le convence de ningún pecado, proceda con gentileza:

Padre, si yo no soy el problema, entonces cambia en mi esposa lo que solo tú puedes ver, a fin de que ambos te glorifiquemos.

Ahora permanezca en silencio; no le dé a Dios ningún consejo ni perspectiva alguna sobre su cónyuge. Deje su lugar de oración con la fe de que él es capaz y está dispuesto a cambiar a su consorte. El cambio puede que no sea de inmediato, pero he experimentado milagros de Dios a través de los cuales él me cambió a mí o a Lisa. Recuerdo un par de encontrones que Lisa y yo tuvimos que me dejaron sintiéndome frustrado. Dios hizo algo para generar un cambio en Lisa y ese cambio no era nada menos que un milagro.

Entréguese y entréguele su cónyuge a Dios. Él es capaz y está dispuesto a hacer el cambio. *La paciencia evita tratar de cambiar la conducta de su cónyuge con la que usted lucha.*

El poder de la paciencia

Una cuarta sugerencia para aumentar la paciencia hacia su

cónyuge es experimentar el puro poder de la paciencia. En Proverbios 16:32 leemos que un hombre paciente conquista una ciudad. Piense en aquellos tiempos bíblicos en los cuales los Proverbios fueron escritos. ¿Cuál era la principal estructura de protección en los tiempos del Antiguo Testamento? Era la muralla que rodeaba la ciudad.

No puedo pensar en un mejor cuadro de una persona enojada que el de una ciudad sin murallas. ¿Cómo puede un hombre paciente ganar una ciudad? ¿Por qué la Biblia nos dice que era un hombre paciente y no uno cruel, o uno fuerte, o uno inteligente o un gran guerrero?

He pensado mucho con respecto a este proverbio. Recuerdo historias y películas de guerra donde un general sitiaba una ciudad. Él ordenaba que sus tropas rodearan la ciudad de tal manera que nadie pudiera abandonarla. Cortaba el suministro de agua y de comida y esperaba. Aguardaba mientras que la gente en la ciudad enemiga se debilitaba, se deshidrataba y moría de hambre. Pronto ellos comenzaban a pelear internamente y con el tiempo abrían sus puertas a los conquistadores que estaban bien alimentados y abastecidos de agua. En muchas de estas historias la paciencia era la fuerza que el general utilizó. La paciencia es un poder en bruto.

La ira necesita una fuente de alimentación. Su impaciencia es la fuente que alimenta su ira. Conforme usted reacciona, se excede, o solo actúa de manera tonta, la ira se vuelve más fuerte. Se burla de su impaciencia, cambia el enfoque hacia su interior y hace que la situación sea imposible de manejar.

Sin embargo, he descubierto que la ira no puede ser alimentada o nutrida por la paciencia. La paciencia es a la ira lo que la kryptonita es a Superman. Con la kryptonita de la paciencia usted no se verá tonto. No usará una justificación defectuosa para procurar el cambio de las circunstancias. Se mantendrá íntegro, confiado y calmado en cuanto a la forma en que responde a su esposo o esposa. Con la paciencia su cónyuge estará pronto dispuesto a sincerarse y a ser honesto sobre la situación.

Esto no ocurre la primera vez que usted es paciente. Pero así como el general espera día tras día, conforme usted responde a la ira y la frustración de su cónyuge con su propia paciencia, pronto el fruto de la discordia del enemigo y su división no pueden alimentar más las actitudes y emociones de su cónyuge.

El poder de la paciencia es el de una fuerza intencional. La paciencia opera con la precisión de un golpe intencional de un experto cinta negra. La paciencia es una acción. La paciencia no es un estado pasivo de convenir o de dejarse pisar.

Mi esposa está muy cerca de ser una santa y raras veces llega a sentir ira a no ser que yo o alguien más hayan creado una situación muy difícil para ella. Pero un día Lisa estuvo lo que yo llamo en extremo quisquillosa. Podía advertir que conseguiría con facilidad lanzarla en un sentido equivocado si quería. Así que hice lo que cualquier hombre cristiano haría en mi condición. Oré: «Dios, por favor, dame sabiduría». Mientras ella bajaba los peldaños del garaje para entrar en el carro, abría la puerta y se sentaba en su asiento cómodamente, y conforme ubicaba su bebida en el receptáculo, el Espíritu Santo me dio estas palabras para decirle: «Lisa, estoy más comprometido con amarte y disfrutarte todo el día de lo que tú puedas estarlo con cualquier humor que tengas. Te amaré más al final del día que ahora».

Fue como que yo hubiera pateado fuera de mi carro esa gota de humor quisquilloso. Ella me miró con esos ojos eternamente verdes y sonrió, y sí, tuvimos un día maravillosos. El Señor me mostró cómo aprovechar de forma deliberada e intencionada el poder en bruto de la naturaleza.

Déjame darte otro ejemplo del poder de la paciencia. Según compartí antes, en las etapas tempranas de nuestra relación leíamos todos los libros sobre el matrimonio que podíamos. De alguna manera, y honradamente no sé como, surgió la pregunta de la infidelidad... es decir de mi posible infidelidad. Le pregunté a Lisa qué es lo que ella haría si algún día le fuera infiel.

Me miró directo a los ojos y con todo el poder de su alma dijo: «Te amaré, te perdonaré y permaneceré contigo». Ella comunicó un sentido de paciencia tan poderoso que fue como un misil de poder disparado a través de mi alma, el cual sacó todo deseo de lastimar alguna vez a alguien que me amara de esa forma tan paciente.

La paciencia es poder. Cuando soy paciente conmigo mismo, con Lisa y con mis hijos, o con cualquier miembro de mi equipo de trabajo o consejeros, la experiencia siempre resulta mejor que si respondiera con impaciencia.

La semilla de la paciencia

La paciencia es una semilla. Gálatas 5:22 ubica a la paciencia como uno de los frutos del Espíritu. Todos los frutos tienen semillas. Todos los árboles frutales crecen de la misma manera: el fruto madura, cae del árbol y la fruta podrida da paso a las semillas. Las semillas penetran el suelo y con las condiciones de la tierra, la lluvia y la luz, crean un nuevo árbol frutal. Este proceso ha venido ocurriendo durante miles de años.

El poder de una semilla es increíble. Recuerde que los humanos somos aún solo tierra; igual que Adán, todos fuimos creados de la tierra. Cuando realizamos un acto de paciencia tal como escuchar con atención, guardar silencio ante un error de nuestro cónyuge, o brindar una sonrisa en vez de una mueca, estamos sembrando paciencia dentro del ser de nuestro cónyuge. *La paciencia nos permite disciplinar nuestras respues-*

tas para responder de forma positiva al comportamiento difícil de nuestra pareja con el que estamos tratando. Nuestras respuestas llegan a ser una semilla poderosa.

Las semillas de esta clase no crecen de modo instantáneo. Ellas se toman su tiempo para madurar. Cuando plante intencionalmente estas semillas de la paciencia, usted no va a cosechar una respuesta instantánea, pero la cosechará con el tiempo. Y conforme usted llega a ser más paciente, recibirá más paciencia en retorno.

La naturaleza de pecado permanecerá en nosotros hasta la muerte. No hay duda alguna de que habrá ocasiones cuando usted peque en su comportamiento hacia su cónyuge y requiera de su paciencia. Y nunca habrá un momento en que su cónyuge no necesite a la vez de la paciencia que usted le ofrece. Manténgase plantando semillas de paciencia en el suelo de la vida de su cónyuge, porque siempre habrá días en que necesitará comer del fruto de la paciencia que haya crecido.

Recuerde las ocasiones cuando su cónyuge siembra la paciencia en su alma. De esta manera el principio de siembra y cosecha puede darse en su relación matrimonial. Siembre como el viento y coseche el producto cuando sea la ocasión de que necesite la cosecha.

Tolerancia

Mi última sugerencia para usted puede que no parezca agradable, pero sí ayuda cuando su meta es ser más paciente. Ser tolerante es reconocer que hay ciertas cosas que no cambiarán durante toda la vida… o por lo menos durante el tiempo de su existencia.

Usted necesita solo tolerar las cosas de su cónyuge que son inalterables. Puede que no parezca muy glamoroso o remunerador, pero debe recordar que en la meta suya de llegar a ser más como Cristo podrá ser necesaria una medida de tolerancia.

El ser paciente puede motivarle a que usted cambie, volviéndole más compatible con su cónyuge conforme usted modifica sus propios comportamientos que pueden resultar molestosos. La paciencia puede ayudarle a través de esta temporada con su esposo o esposa.

Usted y su cónyuge pueden sentir que necesitan comunicarse el uno al otro las pequeñas cosas que les molestan de cada cual, pero esto no siempre produce cambio. Solo piense en cuántas veces le ha recordado el Espíritu Santo a usted que cambie. Si piensa un momento descubrirá que hay algunas cosas de las que él ha estado hablándole durante años.

El Espíritu Santo ha ejercitado la tolerancia ante muchas de sus características que no son tan maravillosas. Sobrellevar las flaquezas de su cónyuge es una oportunidad para que usted crezca en el fruto de la paciencia.

No sea tolerante a regañadientes. *Un buen sentido del humor es importante cuando usted está practicando la tolerancia.* He descubierto que si puedo reír, puedo disfrutar de mi esposa en lugar de solo tolerarla. Ella es una hija de Dios y tiene faltas. Sus faltas pueden ser simpáticas o molestas, dependiendo de dónde se ubique mi corazón. Así que vea si puede sonreír antes de que comience a hablar consigo mismo sobre el regalo maravilloso que es su pareja, en el matrimonio.

Mi compromiso con la paciencia

Muy bien, hemos hablado mucho sobre la paciencia. Es hora de realizar nuestro acuerdo del amor para ayudar a mejorar nuestros matrimonios.

Acuerdo del Amor #2

No trataré de cambiar las cosas que me disgustan de mi cónyuge,
sino modificaré los comportamientos míos que le molestan.

Antes de realizar nuestro acuerdo, rompamos de modo oficial nuestros viejos acuerdos con las conductas y actitudes de impaciencia. Oremos:

Señor Jesús, confieso como pecado todos mis pensamientos, actitudes, creencias y conductas de impaciencia hacia mi cónyuge. Rompo todos los acuerdos que he tenido con pensamientos, actitudes, creencias o conductas impacientes. Gracias por romper mis acuerdos previos con la impaciencia, en tu nombre.

Ahora hagamos nuestro acuerdo del amor de la paciencia. Oremos:

En el nombre de Jesús, hago de forma oficial el acuerdo de ser paciente con mi cónyuge. Acepto por completo que ambos, mi esposa y yo, somos totalmente imperfectos y sin embargo amados por ti. Ordeno a mi mente, voluntad y emociones que creen nuevos pensamientos, creencias, actitudes y conductas que sean pacientes. Me comprometo conmigo mismo al acuerdo del amor de ser paciente con mi cónyuge a lo largo de mi matrimonio. Jesús, oro para que tu poder a través del Espíritu Santo me asista para ser paciente, en el nombre de Jesús.

¡Esto es fantástico! Ha hecho el acuerdo del amor de ser paciente. Usted y yo sabemos que esto es un viaje... en realidad un viaje de toda la vida. Al realizar este acuerdo del amor, ha puesto sus pies en el sendero de la paciencia. Al realizar este acuerdo del amor, usted le ordena al timón de su corazón dirigirse en dirección de la paciencia. Ahora, para que su viaje tenga más probabilidad de éxito, hablemos de algunas metas prácticas que podría enfrentar en el viaje de llegar a ser más paciente con su cónyuge.

METAS PARA LA PACIENCIA

Subraye cada una de las metas siguientes que se compromete a mantener, y para cada meta que subraye, llene el espacio indicado con la conducta específica que usted utilizará para alcanzar esa meta:

1. Por los próximos sesenta días oraré a Dios a diario para que me ayude a responderle con paciencia a mi cónyuge.

—————————————————————————————

2. Identificaré un área donde de forma habitual soy impaciente y registraré mis respuestas a diario.

—————————————————————————————

3. Haré una lista de cinco cosas con relación a mi cónyuge que hacen que me vuelva impaciente. Las escribiré en una página indicando cómo yo soy culpable del mismo comportamiento.

_____

4. Practicaré el no permitirme pensar que la conducta de mi cónyuge tiene que ver conmigo. Me rehusaré a creer que su motivación es lastimarme.

_____

5. Por un mes cambiaré mi respuesta conductual para ver si ocurre el cambio.

_____

6. Efectuaré un estudio sobre la palabra paciencia en la Biblia.

_____

7. Sonreiré cuando mi cónyuge haga algo que típicamente me pone impaciente.

_____

8. Me comportaré como si esta fuera la primera vez que mi cónyuge tiene necesidad de mi paciencia en esta área.

_____

EL ÚLTIMO PASO

Como en cualquier acuerdo del amor, realizar el acuerdo de ser paciente es apenas el principio. Para ser exitoso al final, después de elegir una meta, usted tiene que actuar para avanzar un paso más allá.

Puede realizar ese movimiento al seleccionar una de sus metas y medir su éxito en el proceso de lograrla. Es crucial que usted mida su progreso para en realidad evaluar cuán exitoso es en su acuerdo del amor.

Así que con su meta en mente, diseñe alguna forma de medición. Ubique esta medición en un pedazo de papel que pueda ver con regularidad. Puede elegir pegarlo en su espejo o en el velador junto a su cama, o incluso llevarlo en la tapa posterior de su Biblia. Registre su progreso a diario. Al cabo del tiempo se sorprenderá al ver el cambio en la manera en que se conduce y aun en la manera como piensa y siente con respecto a su cónyuge. Hay un poder real en un acuerdo del amor medido de forma activa en el tiempo.

El principio de rendición de cuentas también va a ayudar aquí. Repórtese por lo menos una vez a la semana con un amigo en quien usted confíe o con alguien más que esté realizando los acuerdos del amor... esto lo hace mucho más divertido. Revise sus metas y progresos con su compañero de rendición de cuentas del mismo sexo.

Si su compañero estuviera de acuerdo, ore cada uno por las metas del otro para que sus matrimonios mejoren. El nivel de amistad que usted obtiene con su compañero de rendición de cuentas conforme oran, ríen y se alientan de forma mutua a través de esta temporada de sus acuerdos del amor ayudará a mejorar su matrimonio.

Usted representa el poder de uno. Usted está armado con todo el poder de Cristo a través del Espíritu Santo. Puede derrotar la impaciencia y cosechar el fruto de la paciencia. Está autorizado para ser una viña de paciencia para su amante, su mejor amigo/a, el cual es hijo/a de Dios... su cónyuge.

La paciencia es poderosa. Recuerde que ya tiene esta semilla de Dios dentro de usted. Así que deje que salga, mídala, y tenga diversión a lo grande en la medida que se vuelve más paciente.

ACUERDO DEL AMOR #3

Cuando haya ofendido a mi cónyuge,
le pediré perdón de inmediato.
Y perdonaré de corazón las ofensas de este,
aun antes de que me lo pida.

CAPÍTULO CINCO

Acuerdo del amor #3:
PERDÓN

Tom y Renee eran un matrimonio cristiano maravilloso. Conocerlos era amarlos. Eran exitosos en los negocios, tenían hijos maravillosos que asistían a una escuela cristiana, y ambos estaban involucrados en los ministerios de una iglesia grande a la que habían asistido por casi veinte años.

Así que, ¿qué era lo que hacía una pareja como ellos en una oficina de consejería? No sabían la respuesta a esa pregunta cuando atravesaron la puerta; solo sentían que algo faltaba en su matrimonio. No podían identificar el problema con relación a algún pecado grave en sus vidas. No había infidelidad. Tenían actitudes sanas en cuanto a las finanzas, el sexo y los amigos.

Sin embargo, algo estaba bloqueando la profundidad de la intimidad que habían experimentado al principio en su matrimonio. Después de reunir algo de información y por observación, juntos determinamos que el meollo del asunto era *la falta de perdón*. Descubrieron que un montón de pequeños pecados habían comenzado a opacar el amor que una vez experimentaron.

La historia de Karla Donaldson es muy distinta a la de Tom y Renee. Karla era una mujer cristiana de treinta y dos años de edad que había estado casada durante nueve años con su marido. Tenían dos niños pequeños, uno de los cuales estaba bajo su tutoría en la casa. Poseía una maestría en educación y trabajaba parte del tiempo como instructora de danza. Karla pensaba que su mundo era perfecto. Tenía un marido que la amaba y pertenecía a un grupo celular al que ella y su familia asistían. Era fiel en sus estudios de la Biblia, y sobre todas las cosas, era una mujer cálida y agraciada.

Entonces recibió de pronto una llamada de la policía de una ciudad a ochenta kilómetros de distancia de donde ellos vivían. Le preguntaron si ella era la señora Donaldson. Con el corazón sobresaltado y las manos sudorosas dijo sí. A través de su mente fluyeron pensamientos horribles acerca de que alguien a quien ella amaba podía haber resultado herido en un accidente.

Pero ese no fue el mensaje que ella recibió. El oficial Timmons le preguntó si le importaría venir a recoger a su marido.

—¿Mi esposo? —preguntó.

—Sí —dijo el oficial Timmons.

—¿Por qué? ¿Qué ocurre? Esto debe ser una equivocación —contestó ella de manera sobresaltada, al tiempo que su voz se quebraba y las lágrimas rodaban por su rostro abrumado y perplejo.

—Señora —dijo el oficial Timmons en un tono calmado y con voz segura—, ¿está sentada?

—Todavía no —contestó.

—Le recomiendo que se siente y me permita decirle lo que ha ocurrido hoy. Su esposo fue aprendido en una redada junto con treinta y seis otros hombres que buscaban prostitutas. Sé que es probable que haya sufrido una conmoción si esta es la primera vez que escucha de esto. Él fue grabado mientras solicitaba servicios sexuales y le daba setenta dólares a una oficial disfrazada como prostituta.

Karla describe este día como el peor de su vida, todavía puede decir con precisión lo que vestía mientras se ponía en camino para recoger a su esposo de la cárcel. En su caso, ella sabía exactamente por qué estaba en consejería.

Luego descubrió por su esposo Daryl que esto no era algo que había ocurrido una sola vez. Él era adicto a un comportamiento egoísta, a la pornografía, al Internet y a las prostitutas. Estos no eran pecados pequeños para una esposa cristiana. Ella había sido lastimada y traicionada de forma profunda. A pesar de que después de este incidente Daryl procuró ayuda y asistió a grupos de apoyo, las cosas permanecieron difíciles en su matrimonio. Después de nueve meses en recuperación, Daryl pasó la prueba del polígrafo para probarle a Karla que más allá de cualquier duda él había sido liberado de todos sus comportamientos sexuales adictivos y de la inmoralidad.

Karla le creyó, pero dijo: «Me siento estancada para moverme hacia delante. Es como si estuviera impedida de entregarle mi corazón de nuevo».

Karla estaba enfrentada a un problema muy normal, uno que cualquier mujer que sea lo suficiente valiente enfrenta para continuar con su matrimonio después de que le han sido infiel. Ese problema normal se llama perdón.

MITOS SOBRE EL PERDÓN

El perdón necesita pintar una franja muy ancha en las relaciones de su matrimonio. Discutiremos el perdón desde varios ángulos distintos a fin de que usted en realidad experimente todo el poder de su acuerdo del amor sobre el perdón. Pero primero expongamos unos pocos mitos relacionados con el acto de perdonar.

Debo confrontar a la persona para ofrecerle mi perdón.

El primer mito acerca del perdón es que la persona que ha pecado contra usted tiene que estar presente para que le perdone. Alguna gente no cree que pueda perdonar a alguien a menos que estén frente a ellos. En lo que mí respecta, la mayoría de la gente a la que he perdonado durante mi vida no ha estado presente cuando lo hice, y sin embargo fui capaz de perdonar de todas formas.

He visto innumerables clientes que perdonaron a aquellos que les hirieron sin que los perpetradores de su dolor estuviesen presentes. Algunos han sido capaces de perdonar muchos tipos de abuso y abandono de parte de quienes se suponían que los amaban… incluyendo sus cónyuges.

El perdón es posible, ya sea que la persona esté presente o no. Puesto que el perdón es una decisión, esta puede ser hecha sin que la otra persona esté presente. Esto es similar al ejemplo de un presidente o gobernador que toma la decisión de perdonar a un prisionero sin importar el crimen, a pesar de que esa persona está sentada en una celda en algún lugar lejos del oficial que le otorga el perdón.

El prisionero no es llevado a la oficina del presidente o del gobernador para ser perdonado… de ninguna forma. Él permanece en su celda y puede ser que esté por completo desapercibido de que su perdón está a punto de ser otorgado.

Es más probable que ocurra que después de que el perdón sea concedido, el prisionero sea notificado al respecto. El perdón toma lugar sin la presencia del prisionero.

En este capítulo le sugeriré algunos ejercicios que puede usar para conceder el perdón. Conforme los use, recuerde que el perdón que usted ofrezca será completo en su corazón, ya sea o no que la persona a quien perdone esté presente.

Esa persona va a tener que arrepentirse primero.

Usted puede creer que antes de poder perdonar a alguien esa persona debe arrepentirse de las acciones cometidas en contra suya. Esto no es verdad en lo absoluto. Es bueno que una persona se arrepienta pero no es necesario que su cónyuge, o cualquier otro para el efecto, lo haga a fin de que usted le ofrezca su perdón.

El perdón es su decisión exclusiva. Si cree que una persona que le hizo mal debe primero arrepentirse antes de que le ofrezca el perdón, en esencia usted le ha entregado el poder de perdonar a esa persona. Esa persona está tomando la decisión en su lugar con relación a cuándo usted será autorizado para ejercer el perdón y encontrar la libertad del impacto de su pecado en su vida. Es obvio que el poder para decidir el momento en que usted perdonará no debería ser entregado… es una elección que usted hace, y usted elige cuándo debe realizarla.

Recuerde esto: Cuando todavía éramos pecadores, Cristo murió por nosotros (véase Romanos 5:8). Él no esperó a que la humanidad le pidiera perdón antes de sacrificarse para el perdón de nuestros pecados. No, Cristo ejerció su derecho y poder para perdonarle aun cuando usted no estaba presente ni era capaz de pedir perdón dos mil años atrás.

Usted también puede ejercer su derecho y poder para perdonar a su cónyuge sin que la misma se arrepienta. ¡Aleluya! Esa es una gran noticia, porque significa que puede liberarse del impacto del daño de otros mediante el acto de ofrecer perdón a voluntad.

El perdón no es solo algo que usted tiene derecho a otorgar a otra persona. Como cristiano, Cristo le ha ordenado a usted perdonar (véase Mateo 6:12-15). El poder para perdonar y la orden de perdonar le han sido dados por Dios. Usted controla este poder y tiene el control de cuándo y dónde ofrece el perdón, sin importar que la otra persona se haya arrepentido o no.

Tengo que ver los cambios en esa persona antes de poder perdonarle.

Es un mito el creer que una persona debe cambiar antes de que usted pueda perdonarle. No le puedo contar cuántas veces he escuchado a hombres y mujeres cristianos decir esto. Creo con firmeza que el cambio es posible —y necesario— para todos. Ese es el único camino para que podamos volvernos más como Cristo. Sin embargo, no todas las parejas cambiarán. Aun si usted es el cónyuge más grandioso y amoroso que Dios haya creado, esto no significa que su el o ella vaya a elegir cambiar.

El hecho de que cambie o no, no es un requisito previo para que usted perdone o no. Seamos realistas sobre esto por un minuto. A veces, demandar que su cónyuge cambie antes de que usted le perdone por algo malo no es otra cosa que una excusa, o peor aun, una pretensión de superioridad moral. Tal actitud hace que usted se aísle por medio de una pared de su cónyuge y de otros.

Jesús no me dijo: «Doug, cambia primero y luego yo te perdono». Si hubiera hecho eso, estaría en un proceso sin fin de procurar ser lo suficiente bueno para ser perdonado. No, lo que Jesús dijo fue: «Doug, te perdono». Él supo que yo pecaría *en la misma área de nuevo*. Supo que tardaría años e incluso décadas antes de que pudiera obtener la victoria sobre esos pecados.

¿En qué estaba pensando Dios para perdonar a un pecador como yo antes de que cambiara? Creo que estuvo pensando que su perdón con el tiempo penetraría en mi corazón y que mi voluntad para pecar aparecería cada vez menos, conforme la semejanza de Cristo creciera hasta hacerse más predominante en mí. Su enfoque para el perdón es mucho mejor que esperar que mi cónyuge cambie.

Todo lo que necesito es un recordatorio delicado del Espíritu Santo sobre cuánto pecado Cristo me ha perdonado, a fin de ser más misericordioso hacia mi preciosa Lisa con sus pequeñas faltas. Como ve, el perdón puede fluir de usted hacia su cónyuge mediante su elección, ya sea que esté presente o no. En su vida y en su matrimonio el perdón puede ser una fuerza tremenda.

El acuerdo del amor de perdonar depende de usted para tener efecto en su vida. No necesita ni siquiera el involucramiento de su cónyuge ni la confesión de su pecado. El perdón es el don que usted da… de la misma manera en que Cristo se lo ha dado a usted.

LA HONESTIDAD

Como cristianos, nosotros somos pecadores salvados por la gracia de Dios. El único requerimiento que teníamos que

cumplir era la disposición a confesar nuestros pecados y pedirle a Dios que tomara control de nuestras vidas. Sin embargo,
conforme viajo alrededor del país para hablar en conferencias
y en iglesias sobre el matrimonio, son innumerables la cantidad de hombres y mujeres que me han compartido el hecho
de que sus cónyuges nunca se disculpan ni piden perdón.

Como consejero esto es muy difícil de comprender para mí.
Como puede ver, me doy cuenta de que no existe un matrimonio en ninguna parte donde el pecado no aparezca en la
superficie. Aun en los buenos matrimonios formados por dos
cristianos maduros va a haber tiempos cuando ambas partes
pequen en sus acciones hacia el otro cónyuge. Esto ocurrirá a
menudo, por lo menos una vez a la semana, y en algunos
hogares puede ocurrir prácticamente cada día. Así que si un
miembro del matrimonio es incapaz de *asumir* su pecado de
manera dispuesta, eso me indica que la persona en realidad
está negando el hecho. La negación de estas cosas crea una tensión terrible en el otro cónyuge y en la relación matrimonial.

A algunas parejas les gusta el juego de «Tu pecado es
más grande que el mío» o «Solo tu pecado cuenta». Esos
juegos no resuelven nada y crean problemas matrimoniales.
En este capítulo quiero ayudarle a tener un manejo práctico del pecado.

En 1 Corintios 13:4-8 leemos:

> El amor es paciente, es bondadoso. El amor no es envi-
> dioso ni jactancioso ni orgulloso. No se comporta con rude-
> za, no es egoísta, no se enoja fácilmente, no guarda rencor.
> El amor no se deleita en la maldad sino que se regocija con
> la verdad. Todo lo disculpa, todo lo cree, todo lo espera, todo
> lo soporta. El amor jamás se extingue.

¡Tremendo! Esta escritura nos redarguye. Si soy impaciente, tosco o egoísta, de hecho estoy pecando. Por lo tanto es muy importante que aprenda a ser muy honesto sobre sus pecados. Usted puede estar tentado a utilizar esta lista para medir a su cónyuge en relación a cómo está fallando. Sin embargo, a pesar de que eso pueda resultar tentador, no ayudará a cambiarle ni a usted ni a su matrimonio.

He estado ayudándole a comprender que los acuerdos del amor de este libro son algo que una persona hace que impacta el matrimonio. Como ve, mientras más honesto sea sobre sus pecados en su matrimonio, existirá un mayor potencial para que su honestidad cambie las cosas en su relación matrimonial. *Conforme desarrolla un ritual de pedir perdón por sus pecados, algo así como: «Mi amor, he pecado una vez más al enojarme» o «Cariño, necesito que me perdones por no ser paciente», comienza a establecer un nuevo paradigma en su matrimonio. El paradigma es: «Yo peco» y «Necesito reconocer y asumir mi pecado».*

Puede llevar tiempo para que esta nueva manera de creer, de conducirse y de comunicarse opere hasta llegar a la fibra de su matrimonio. Pero una vez que su cónyuge vea que usted puede ser honesto, le está dando una oportunidad mayor de ser honesto con usted. Para algunos llevará semanas o meses creer que pecan y que necesitan ser perdonados, pero continúen siendo persistentes con esto.

LA IRA

La ira puede ser un tema muy importante de abordar antes de que le demos un vistazo a los ejercicios para el perdón. Muchas personas sienten ira hacia su cónyuge. ¿Es usted una de esas personas?

Como consejero, conozco que la ira necesita ser abordada primero antes de que usted pueda perdonar de verdad. Muchos cristianos van a ver a los consejeros por problemas de abusos, traumas o heridas causados por otros. Muchas veces se les dice que perdonen, pero no se les da instrucciones con respecto a cómo sanar la herida. Años después de que la herida ocurrió a menudo se preguntan por qué todavía se sienten heridos y actúan como tales, a pesar de que perdonaron a la persona que les causó tal dolor.

Cuando experimentamos un trauma significativo infringido por nuestro cónyuge u otros, quedamos heridos. Estas heridas son tridimensionales: del espíritu, del alma y del cuerpo. Y se requerirá una solución de espíritu, alma y cuerpo para erradicarlas. Recuerde el ejemplo de Karla que utilicé antes. Ella quedó emocionalmente estancada por causa de la ira legítima de la cual no era consciente. Una vez que fue capaz de hacer el ejercicio de «Limpiar el templo», estuvo lista para moverse con rapidez a través del perdón de una manera genuina.

El ejercicio de «Limpiar el templo» es algo que puede hacer sin que su cónyuge sea consciente de la ira acumulada que guarda hacia él o ella. Como parte de este ejercicio usted escribirá una carta. Sin embargo, jamás le mostrará esta carta a su cónyuge. Eso no resultaría de ayuda.

Puede aprender a lidiar solo con la ira que siente hacia su el o ella. De la misma manera como discutimos en cuanto al perdón, ellos no tienen que estar allí, confesar o cambiar; usted puede tratar con esto por su cuenta. Una vez que ha efectuado el ejercicio de «Limpiar el templo», su espíritu, su alma y su cuerpo serán capaces de realizar los ejercicios que más adelante presento sobre el perdón.

LIMPIAR EL TEMPLO

En mi libro anterior, *Intimidad: Una guía de 100 días para las relaciones duraderas*, introduje el ejercicio de «Limpiar el templo» para ayudar a las parejas a vencer el dolor que existe algunas veces en el matrimonio.[1] Pienso que este es un ejercicio muy eficaz que usted puede utilizar para eliminar mucho del dolor que pueda llevar en su alma. Este dolor puede ser producto de temas de origen familiar causados por la negligencia, el abuso o el abandono. El dolor que usted lleva puede ser debido al abuso sexual en la infancia o a la violación. Algo del dolor llevado en su alma viene de parte de su consorte. En algunos matrimonios cristianos las parejas se traumatizan o se niegan el uno al otro de tal manera que la ira aparece de forma avasalladora.

La ira se puede acumular en su alma a tal punto que sus heridas le dificulten tener intimidad. A pesar de que usted no causó las heridas, ahora es responsable de sanarse de ellas. Justo como si estuviera caminando fuera y recibiera un disparo de un francotirador, usted es cien por ciento responsable de sanar de esa herida, a pesar de que su esposa sea cien por ciento responsable de haberla causado.

Es muy importante comprender este concepto, porque en nuestra cultura la condición de víctima significa poder. Y este poder es manipulado para hacer que otras personas paguen, o es utilizado para evitar que usted acepte toda responsabilidad por su propia persona o asuma la dirección de su vida.

Puedo atestiguar tanto como cualquier otra persona del hecho de que la vida puede ser dolorosa. Algunos disfrutan al crearles dolor a otros. Yo fui concebido en adulterio. Mi concepción causó el divorcio del primer matrimonio de mi madre. Después ella se casó con mi padre legal, así que mi nombre es *Weiss*. Él era un alcohólico y se divorciaron después de procrear tres hijas. Mis tres medias hermanas y yo fuimos ubicados en tres hogares sustitutos separados y cambiamos de un hogar a otro durante unos pocos años. Con el tiempo mi mamá nos recuperó de nuestros hogares sustitutos. A la edad de quince fui víctima de abuso sexual. Y hay más cosas que podría decirle de mi vida, pero pienso que usted ya puede entender que mi alma ha visto algunos días de dolor.

Sin embargo, el día en que me di cuenta de que no era causante del desbarajuste en mi vida, fui cien por ciento responsable de arreglarlo. Dios me aseguró que estaría conmigo en este proceso, pero tenía que ser obediente y no permitir que el dolor del pasado fuera la justificación de por qué no llegaba a ser todo lo que podía ser. Para aquellos de ustedes que necesitan sanar de asuntos similares, lo que estoy a punto de pedirles que hagan va a ser un trabajo difícil.

Sinceramente no creo que podría ser tan íntimo y franco con mi esposa Lisa hoy si no hubiera limpiado la ira que sentía con relación a mi pasado durante los primeros años de mi matrimonio. Le animo a que si usted tiene heridas que otros le han infringido en su vida, continúe leyendo y cumpla con la tarea asignada hasta el final.

El ejercicio de «Limpiar el templo» tiene sus raíces en el ejemplo bíblico de Jesús limpiando el templo. Un registro de este suceso se encuentra en cada evangelio. Dedique un momento a estudiar este ejemplo bíblico.

Cuando se aproximaba la Pascua de los judíos, subió Jesús a Jerusalén. Y en el templo halló a los que vendían bueyes, ovejas y palomas, e instalados en sus mesas a los que cambiaban dinero. Entonces, haciendo un látigo de cuerdas, echó a todos del templo, juntamente con sus ovejas y sus bueyes; regó por el suelo las monedas de los que cambiaban dinero y derribó sus mesas. A los que vendían las palomas les dijo:

—¡Saquen esto de aquí! ¿Cómo se atreven a convertir la casa de mi Padre en un mercado?

Sus discípulos se acordaron de que está escrito: «El celo por tu casa me consumirá». Entonces los judíos reaccionaron, preguntándole:

—¿Qué señal puedes mostrarnos para actuar de esta manera?

—Destruyan este templo —respondió Jesús—, y lo levantaré de nuevo en tres días.

—Tardaron cuarenta y seis años en construir este templo, ¿y tú vas a levantarlo en tres días?

Pero el templo al que se refería era su propio cuerpo. Así, pues, cuando se levantó de entre los muertos, sus discípulos se acordaron de lo que había dicho, y creyeron en la Escritura y en las palabras de Jesús.

—Juan 2:13-22

Dentro de este registro bíblico de Jesús limpiando el templo encontramos los principios para nuestro ejercicio de «Limpiar el templo». Revisaremos los cuatro principios mayores y después avanzaremos a través de las aplicaciones prácticas de cada principio.

PRINCIPIOS BÍBLICOS

Principio 1 — El templo

Este recuento de Jesús limpiando el templo se refiere al templo físico en Jerusalén. Los judíos le dijeron a Jesús: «¿Qué señal puedes mostrarnos para actuar de esta manera?» (v. 18). Jesús les respondió: «Destruyan este templo … y lo levantaré de nuevo en tres días». A lo que los judíos replicaron: «"Tardaron cuarenta y seis años en construir este templo, ¿y tú vas a levantarlo en tres días?" Pero el templo al que se refería era su propio cuerpo» (vv. 19-21). Esta es la primera mirada que tenemos de Jesús cambiando el lugar de habitación de Dios del templo físico al templo del ser humano. Pablo desarrolló este pensamiento más tarde cuando registró que nosotros, como creyentes cristianos, somos los templos de Dios.

> ¿No saben que ustedes son templo de Dios y que el Espíritu de Dios habita en ustedes? Si alguno destruye el templo de Dios, él mismo será destruido por Dios; porque el templo de Dios es sagrado, y ustedes son ese templo.
>
> —1 Corintios 3:16-17

El plan de Dios siempre ha sido habitar dentro de nosotros. Somos sus templos santos. Pero nuestros templos pueden ser contaminados a través de muchas avenidas que incluyen manipulaciones, abusos y negligencia de parte de otros. Cuando somos profanados por la vida, nuestros templos son mancillados y necesitan ser limpiados.

Es interesante notar en este pasaje que Jesús, el dueño del templo, fue el que asumió la total responsabilidad por la limpieza de este. Los cambistas y vendedores de palomas eran los que habían hecho del templo de Jerusalén un desorden, y Jesús podría haber hecho que ellos limpiaran su propia suciedad. Pero no lo hizo. Él limpió el templo.

Nosotros somos los dueños de nuestros templos. Si su templo es profanado a través del abuso de otros, usted es quien necesita limpiarlo. Usted es el único que puede en efecto limpiar su templo.

Aun si su cónyuge provocó esta contaminación, él o ella no pueden limpiar su templo. Puede decir: «Lo siento», pero eso no saca la mugre o contaminación que ya ha sido puesta dentro de su alma. Necesita limpiar esa suciedad. El hecho de que Jesús asumió la responsabilidad por limpiar su propio templo nos da un mensaje claro de que nosotros podemos limpiar también nuestros templos.

Principio 2 — Él identificó el pecado

Jesús afirmó: «¡Saquen esto de aquí! ¿Cómo se atreven a convertir la casa de mi Padre en un mercado?» (Juan 2:16). En Lucas 19:46, Marcos 11:17 y Mateo 21:13 el sentido de las palabras de Jesús es ligeramente más fuerte: «Escrito está —les dijo—: "Mi casa será casa de oración"; pero ustedes la han convertido en "cueva de ladrones"» (Lucas 19:46).

Él estaba haciéndoles saber cuál había sido su ofensa, qué era lo que requería que limpiara el templo. Ellos habían tomado algo santo y lo habían utilizado mal a fin de poder beneficiarse a sí mismos. Usted puede aplicar este concepto a su propia herida. La mayoría de la gente que le ha herido no tiene ningún concepto de su santidad o preciosidad. Sin embargo, usted se sintió usado o abusado durante los incidentes en que resultó herido. En uno de los ejercicios de «Limpiar el templo» usted necesitará ser capaz de identificar el pecado o el daño que le ha sido hecho por aquellos que profanaron su templo.

Principio 3 — *Él se valió de la ira*

Jesús pudo usar la ira tanto física como verbal ante la injusticia. El acto de volcar las mesas probablemente fue toda una escena. Estoy seguro de que esta fue la razón por la que los judíos le preguntaron sobre su autoridad para provocar tal alboroto.

Este no fue un ejemplo de Jesús teniendo solo un mal día. Fue un hecho de su voluntad. Fue un acto de obediencia calculado por completo. Entender tal cosa es un punto importante, porque se requiere de un acto de su voluntad para limpiar su templo. Y una vez que usted avanza a través del resto de sus ejercicios, creo que esto constituye un acto de obediencia también.

Algunos me han preguntado cómo es que sé que esto fue un acto premeditado de Jesús. El relato que Juan ofrece de la limpieza del templo afirma esto: «Y en el templo halló a los que vendían bueyes, ovejas y palomas, e instalados en sus mesas a los que cambiaban dinero. Entonces, haciendo un látigo de cuerdas, echó a todos del templo, juntamente con sus ovejas y sus bueyes; regó por el suelo las monedas de los que cambiaban dinero y derribó sus mesas» (Juan 2:14-15). En estos versículos uno obtiene la impresión de que Jesús estaba mirando alrededor y presenciando el maltrato de la gente a su templo santo. Luego se tomó el tiempo para hacer un azote con un montón de cuerdas. No sé cuánto tiempo le habrá tomado hacer ese látigo, tal vez minutos u horas, pero demuestra que él tenía la intención de utilizar el látigo y comprometió algún tiempo de forma premeditada antes de entrar a limpiar su templo.

Como Jesús en este ejemplo, usted también estará haciendo una elección al priorizar su tiempo para preparar la limpieza de su templo. Anímese ante el hecho de que otros que han priorizado el tiempo para prepararse y limpiar sus templos han experimentado grandes avances en sus vidas.

Principio 4 — *El templo fue restaurado a su orden original*

El ejemplo de Jesús limpiando el templo ofrece un cuadro de cómo curar las heridas dentro de su propio templo. Después de que él se valió de su justa furia, su templo fue restaurado. Él asumió toda la responsabilidad de limpiar su templo y restaurarlo a su orden original. Así también solo usted será capaz de limpiar su templo de sus heridas y restaurarlo a su orden original.

APLICACIÓN PRÁCTICA

Durante mis años de trabajo con matrimonios e individuos tanto en hospitales psiquiátricos como también en ambientes externos he visto muchas almas heridas. Estas heridas son guardadas en lo profundo de su ser. Muchas de estas almas habían experimentado traumas de una manera u otra.

Cuando usted experimenta un trauma, lo percibe en los tres niveles de su ser: espíritu, alma y cuerpo. Todas estas tres partes de su ser han sido profanadas, lastimadas o abandonadas.

Al entrenar a terapeutas a lo largo del país, subrayo que los sobrevivientes de traumas han sido afectados en su espíritu, alma y cuerpo. Luego les pregunto: «¿Por qué pensamos entonces que podemos tratar el trauma cognitivamente y esperar que la gente se sane? ¿Si el trauma afecta las tres dimensiones de una persona no tiene sentido entonces que la sanidad del trauma involucre también los tres aspectos del espíritu, el alma y el cuerpo?»

Le digo esto, puede haber personas que le han herido de forma significativa. Y usted puede haber presumido de que los ha perdonado, sin embargo, todavía lleva la bala en lo profundo. Si es así, no significa necesariamente que no los ha perdonado. Tal vez solo no ha limpiado su templo aún.

Este concepto le puede parecer algo extraño o incómodo a primera vista. Así que permítame asegurarle la importancia de esta práctica al decirle que mi experiencia con la gente que acordó limpiar el templo no ha sido en nada menos que milagrosa. He visto a los sobrevivientes de abuso sexual sanar muy rápido después de este ejercicio. He visto a mujeres que fueron sexualmente traicionadas por sus esposos cristianos ser capaces de moverse súbitamente a través de las etapas de sufrimiento y perdón, mucho más rápido que aquellas que rehúsan limpiar su templo.

Le animo a que usted mantenga una mente dispuesta e intente este ejercicio si es que siente que su cónyuge u otros lo han lastimado. Después (no antes) que haga este ejercicio podrá decir si fue eficaz o no.

EL EJERCICIO DE LIMPIAR EL TEMPLO

1. Escriba una carta llena de ira.

Comience el ejercicio escribiendo una carta llena de ira dirigida a alguien que le ha lastimado. ¡Pero recuerde, usted nunca mandará esta carta! A menudo les digo a mis clientes que imaginen que esa persona está en el cuarto incapaz de hablar o de moverse. Usted puede decir todo lo que necesite decirle a esa persona en esta carta. No suprima sus sentimientos. Deje que salgan todos los pensamientos y sentimientos de odio, disgusto y angustia que le han estado robando la vida a su alma. Esta carta no es una del tipo «yo te perdono». Eso viene después. Este es el lugar donde usted se libera de la ira que ha sido parte de su alma. Tales heridas hacen que la intimidad en el matrimonio sea mucho más difícil. Una persona que está herida actúa muy diferente en una relación matrimonial que alguien que está sano. Lo sé por experiencia. El primer paso es solo expresar su ira en la forma de una carta hacia la persona que le ha causado dolor.

2. Prepárese para un calentamiento.

En la situación de Jesús, él se hizo un látigo para sí mismo. No recomiendo látigos, pero un bate de béisbol acolchonado o una raqueta podrían ser útiles. Primero, caliente su cuerpo. Tome el bate y golpee su colchón o almohada, primero con golpes pequeños, después medianos, luego grandes y extra grandes. Le recomiendo que haga esto tres veces consecutivas. Después entre en calentamiento también con su voz. Utilizando la palabra *no* junto con los golpes, dígala primero en voz baja, y luego vaya elevando poco a poco su voz mientras golpea. Esto puede parecerle algo raro, pero eliminar esta estructura de dolor de su alma y espíritu es algo maravillosamente liberador, y esta es la razón por la cual usted quiere estar físicamente en calentamiento.

Quizá sea una buena idea asegurarse de que se encuentra solo en su casa cuando está entrando en calor. Sugeriría también que desconectara el teléfono para evitar ser perturbado.

(Nota: Si usted tiene problemas cardíacos u otra condición médica, hable primero con su doctor antes de realizar este ejercicio.)

3. Lea la carta en voz alta.

Después de que haya efectuado su calentamiento físico, lea la carta que escribió en voz alta. Si es que el nombre de su ofensor es «Toby», leerá algo como esto: «Toby, ¿cómo pudiste hacerme esto? ¡Yo confié en ti!...» Por supuesto, Toby no está en el cuarto escuchando la lectura de la carta. El ejercicio de leer en voz alta es para su beneficio y sanidad, no para confrontar a la persona que le dañó.

4. Articule la ira física y verbalmente.

Después de leer su carta, déjela a un lado y tome el bate. Una vez más usted puede golpear la cama o la almohada y darle simbólicamente a «Toby». Puede gritar, chillar, llorar... pero deje que salga la infección que le ha estado robando la vida. Puede decirle de modo figurado: «Tus secretos no me controlan ya más». «¡Es a ti a quien hay que culpar de mi ira!» No hay límites concernientes a lo que le puede decir a su ofensor. De una vez, libérese de todo el control que ha mantenido sobre esta herida infectada. ¡Déjelo ir!

Esto puede durar de quince minutos a una hora. De forma habitual su cuerpo le dejará saber cuándo ha concluido y está listo —espiritual, emocional y físicamente— para dejar atrás la ofensa y la ira.

El esfuerzo que está haciendo vale la pena para sacar el dolor y la ira. Alguien le dio algo tóxico. Usted ha estado enfermo desde entonces, pero una vez que lo haya quitado de su interior, se sentirá mucho mejor.[2]

COMENTARIOS

Cuando usted realice el ejercicio de «Limpiar el templo»

debería trabajar con un solo ofensor a la vez. Si ha sido ofendido por tres personas diferentes, debería estar listo para tres sesiones de «Limpiar el templo». *No intente* completar este ejercicio solo una vez para cubrir a las tres personas distintas que le han ofendido. Cada «bala» necesita ser sacada por separado.

Si varias personas le han causado un trauma previo o durante su matrimonio, haga una lista de ellos. Comience con el trauma menos doloroso y progrese hacia las ofensas mayores después. De esta manera desarrolla una mayor destreza en el ejercicio y sabrá qué esperar.

Las experiencias del ejercicio de «Limpiar el templo» con cada persona por separado le podrán dar diferentes percepciones del futuro. En ocasiones es la ofensa más pequeña la que le ha estado causando la mayor ira.

Es tan importante lidiar con cada ofensor porque hasta que lo haga seguirá llevando el dolor adentro. Tratar de protegerse a sí mismo para que no le hieran y evitar ser capaz de expresar intimidad a aquellos que ama hará que usted ponga un muro a su alrededor que lo excluirá de las personas que están presentes en la actualidad en su vida. Esto le ocasionará problemas en su relación matrimonial hoy.

Es posible que usted tenga sus propios pensamientos sobre el ejercicio de «limpiar el templo». Puede parecerle tonto o inapropiado. Pero piense en el dolor pasado que ha experimentado antes de descartarlo como algo que no es para usted. ¿Afecta esto su intimidad en la relación matrimonial? ¿Está usted cansado de sentirse herido y enojado? ¿Han fracasado sus intentos del pasado de «solo olvidar todo esto»? ¿Ha intentado elegir el perdón y todavía es incapaz de dejar atrás el dolor? ¿Entonces por qué no intentar este ejercicio? Puede que sea la herramienta que le libere con la ayuda de Dios.

Primero lo primero

Cuando de perdón se trata, primero es lo primero. Como consejero he descubierto que si usted tiene problemas para perdonarse a sí mismo, también tendrá limitaciones para perdonar de verdad a su cónyuge de una forma regular.

Esto ocurre porque no ha aceptado perdonarse sí mismo en lo profundo por los errores del pasado. Y esta falta de perdón a usted mismo no le permite liberar a otros a través del perdón. Es como si dijera: «Tengo que pagar por mis pecados, y tú también». Por favor, tenga en cuenta que esto no se hace a un nivel conciente; sin embargo, todavía es un problema necesario de abordar hasta que usted al fin tenga éxito en su acuerdo del amor del perdón.

Un ejercicio para perdonarse uno mismo

Deseo compartir con usted un ejercicio muy eficaz que he usado con mis clientes en mi oficina de consejería por más de una década. Es también uno que recomiendo en mi libro anterior *Intimidad: Una guía de 100 días para las relaciones duraderas*.[3] La simple lectura de este ejercicio no le impactará en el área de perdonarse a sí mismo. Sin embargo, realizar el ejercicio puede ser una experiencia transformadora para toda la vida. Muchos de mis clientes han leído de este ejercicio antes de venir a verme, pero puesto que solo lo han leído y no lo han practicado, no tuvieron éxito en lidiar con la falta de perdón en lo profundo de su interior. Sin embargo, una vez que efectuaron el ejercicio quedaron asombrados de lo eficaz que en realidad era.

Para este ejercicio ubique dos sillas, una frente a la otra. La silla a la izquierda será la silla A para nuestra discusión y la de la derecha la silla B.

1. Asuma el rol del ofensor en la silla A.

Siéntese en la silla A para comenzar este ejercicio. En la silla A usted va a representar su yo real. Se imaginará que está hablando con usted mismo en la silla B. Por ejemplo, en mi caso el Doug real en la silla A estuvo hablando con el Doug imaginario en la silla B.

Como corresponde a la persona real, deseo que usted se apropie de su pecado. Hable en voz alta, discúlpese ante usted mismo y pídase perdón por los pecados que ha cometido contra usted.

La conversación podría ser de esta forma: «Necesito que me perdones por…» La lista de los pecados variará de persona a persona. Incluya los pecados que usted pueda recordar sean estos sexuales, relacionales, financieros u otros.

2. Actúe su respuesta como el ofendido.

Cuando haya terminado de hablar sentado en la silla A, muévase físicamente hacia la silla B. Imagínese que usted acaba de escuchar todo lo que se le ha dicho desde la silla A. Ahora es el momento de que usted responda. Es muy importante que sea muy honesto con cualquier cosa que diga desde la silla B. Si descubre que puede perdonarse por las cosas confesadas desde la silla A, grandioso. Algunas personas, cualquiera sea la razón, hallarán difícil el proceso de perdonarse a sí mismas. Otras ni siquiera podrán perdonarse en lo absoluto. Solo sea honesto en las respuestas que provea desde la silla B. Este ejercicio no intenta que usted literalmente se perdone, sino más bien que evalúe dónde se encuentra en el proceso del perdón.

Si descubre que es capaz de perdonarse, vuélvase a sentar en la silla A. Pero si no fue capaz de hacerlo, puede detener el ejercicio y volver a intentar después de un mes para ver dónde está parado entonces. Repita este ejercicio de perdonarse a sí mismo mensualmente hasta que sienta con honestidad que se ha perdonado.

3. Actuación de la respuesta del ofensor ante el perdón.

Si se perdonó, vuélvase a ubicar en la silla A. Responda en voz alta al perdón que usted recibió a través de sus afirmaciones en la silla B. Cuando haya completado su respuesta, permanezca sentado allí por un momento y permita que su corazón sienta el perdón. Esta puede ser la primera vez que usted en verdad se extiende el perdón a sí mismo de una manera tangible. Recuerde que vale la pena el esfuerzo que ha hecho para otorgarse el perdón a sí mismo.

Mi experiencia clínica ha sido que si una persona en verdad se puede perdonar, está en el camino correcto para llegar a ser más exitosa a la hora de guardar el acuerdo del amor del perdón en su matrimonio.

Un ejercicio para el perdón de Dios

Ahora movámonos en el área del perdón. En esta ocasión, sentado en la silla A, se encuentra usted representando a su propio yo de nuevo. Y esta vez, sentado en la silla B, está Jesús. Igual que antes, usted se apropiará, disculpará y pedirá en voz alta perdón a Jesús por las acciones pecaminosas con las que dañó a su cónyuge.

Cuando haya terminado de pedirle perdón a Jesús, muévase y siéntese en la silla B. Ahora responda de la manera en que usted cree que Jesús respondería a su pedido de ser perdonado.

Una vez que acabe de compartir la respuesta de Jesús a su pedido de perdón, regrese a la silla A. Ahora responda al perdón de Jesús de los pecados confesados por usted. Igual que antes, después de responder al perdón de Jesús, dese un minuto para poder sentir el perdón del Señor en su corazón.

Esta puede ser la primera vez que muchos en realidad experimentan el perdón de sus pecados de parte de Jesús. Para un gran número de cristianos el perdón es un *concepto*, no una *experiencia*. La experiencia del perdón es un activo inmenso para usted conforme avanza en el cumplimiento de su acuerdo del amor de perdonar.[4]

Un ejercicio para perdonar a su cónyuge

El tercer ejercicio en las sillas le ayudará a extender el perdón a su cónyuge. Comience sentándose en la silla A. En esta ocasión usted representará a su esposo o esposa e hipotéticamente estará hablando con usted mismo en la silla B. Como el otro, dramatícela disculpándose, adecuándose y pidiendo perdón por los pecados que él o ella haya cometido contra usted. Como su cónyuge usted diría: «Necesito que me perdones por…» Esto es lo que su cónyuge le diría a usted si estuviera en efecto sentado en la silla A.

Cuando haya terminado de pedir perdón, cámbiese a la silla B. Ahora es usted mismo y acaba de escuchar a su cónyuge pidiendo perdón. Usted está listo para responder. Es muy importante que sea honesto. Si es capaz de perdonar a su pareja, grandioso. Sin embargo, si no es capaz de extender el perdón en este momento, detenga el ejercicio. Ahora usted conoce dónde está parado en el proceso del perdón. Si no puede perdonar hoy, haga este ejercicio cada dos semanas hasta que pueda otorgar el perdón.

Si usted está listo para perdonar a su cónyuge, hágalo con su respuesta desde la silla B y luego vuelva a sentarse en la silla A. Desde esta silla actúe la respuesta de su cónyuge al perdón que usted acaba de extender. Luego quédese quieto y experimente ese perdón.[5]

EXTENDER EL PERDÓN DE DIOS A SU ESPOSA

Para este último ejercicio del perdón, ubíquese en la silla A, donde de nuevo está actuando el papel de su cónyuge. Ahora, conforme su cónyuge acepta y se disculpa por sus actuaciones pecaminosas y pide el perdón de Jesús, que está sentado hipotéticamente en la silla B, diga: «Jesús, necesito que me perdones por...» Cuando usted haya terminado de pedirle perdón a Jesús, como si fuera su pareja, siéntese en la silla B.

En la silla B usted actuará el papel de Jesús. Responda como piensa que Jesús respondería a su requerimiento de perdón de parte de su cónyuge. Cuando haya terminado de perdonar a su cónyuge cual si fuera Jesús, siéntese de nuevo en la silla A.

En la silla A actúe en el papel de su cónyuge respondiendo al perdón de Jesús. Cuando termine, quédese quieto y en silencio y experimente lo que acaba de suceder.[6]

Al tomar parte en estos cuatro ejercicios simples, usted ha avanzado a través del proceso de perdonarse a sí mismo y a su cónyuge de las cosas del pasado, y ha experimentado el perdón de Jesús extendido a ambos. Estos ejercicios no requirieron que su pareja esté presente, se arrepienta o cambie, a fin de que usted le conceda el perdón.

Al dejar esta experiencia atrás, le resultará mucho más fácil liberarse de los pecados cotidianos y extender el perdón de una forma diaria. *El pedir y otorgar perdón son herramientas esenciales para mantener una relación amorosa.* Nosotros sabemos que todos somos pecadores. (Recuerde 1 Corintios 13.) Cuando peque, reconózcalo como pecado ante su cónyuge y pida perdón. Cuando le pidan perdón a usted, responda a el otro tan pronto como le sea posible.

Efesios 4:26 nos advierte: «"Si se enojan, no pequen." No dejen que el sol se ponga estando aún enojados». Creo que también es una buena idea no dejar que el sol se ponga sobre nuestro pecado. Tanto como le sea posible, no se vaya a la cama sin antes reparar cualquier cosa que necesite ser perdonada.

Es tiempo de romper algunos acuerdos viejos con cualquier falta de perdón previa. Ore esta oración en voz alta:

> *Jesús, te pido que perdones mis creencias, actitudes, pensamientos o comportamientos carentes de perdón hacia mi esposa. Confieso esas actitudes, pensamientos o conductas como pecados contra ti, mi cónyuge y mí mismo. Rompo todo acuerdo que mi mente, voluntad o emociones hayan tenido con la falta de perdón, en el nombre de Jesús.*

MI COMPROMISO DE PERDONAR

Es hora de que usted haga su acuerdo del amor para perdonar.

ACUERDO DEL AMOR #3

CUANDO HAYA OFENDIDO A MI CÓNYUGE,

LE PEDIRÉ PERDÓN DE INMEDIATO.

Y PERDONARÉ DE CORAZÓN LAS OFENSAS DE ESTE,

AUN ANTES DE QUE ME LO PIDA.

Usted está listo para abrazar un nuevo estilo de vida en el que pueda perdonar los pecados de su cónyuge. Ore en voz alta:

En el nombre de Jesús hago un acuerdo del amor para perdonar a mi cónyuge. Ordeno a mi mente, voluntad y emociones que creen nuevos pensamientos, creencias, actitudes y comportamientos para perdonarle. También ordeno a mi mente, voluntad y emociones que creen nuevos pensamientos, creencias, actitudes y comportamientos para ayudarme a ser honesto con respecto a mis propios pecados y para pedirle perdón por ellos a mi cónyuge de forma rápida y regular. Ordeno todo esto en el nombre de Jesús.

Como en los acuerdos del amor anteriores, sabemos que este acuerdo es el primer paso en el proceso.

METAS PARA EL PERDÓN

El próximo paso para ser exitoso en los acuerdos del amor es ponerse algunas metas que usted pueda medir. Veamos algunas posibles metas para que tenga éxito en el acuerdo del amor del perdón.

Subraye cada una de las metas siguientes que se compromete a mantener, y para cada meta que subraye, llene el espacio indicado con la conducta específica que usted utilizará para alcanzar esa meta:

- Haré a diario un registro de los pecados (los cuales pueden ser actitudes, conductas o faltas) que he cometido contra mi cónyuge.

_____

- Llevaré un registro diario de cuánto tiempo me lleva pedir perdón de un pecado cometido contra mi cónyuge.

_____

- Haré un plan para concentrarme a diario en vencer un área de pecado que ocasiona que le haga daño a mi cónyuge de manera regular.

_____

- Mantendré un listado que indique si me fui a dormir o no sin pedir el perdón de mi cónyuge por un pecado conocido.

_____

- Haré una nota al final del día de los pecados que mi cónyuge ha cometido en mi contra. Iré a un cuarto a solas y no saldré hasta haber perdonado a mi cónyuge por cada uno de los pecados, *sin requerir que mi cónyuge me pida perdón primero.*

_____

- Llevaré un registro que indique si me fui a dormir sin haber perdonado por completo a mi cónyuge.

- Llevaré un registro de los pecados que cometo durante el día contra mí mismo. Me perdonaré por los pecados que cometí.

MEDICIÓN Y RENDICIÓN DE CUENTAS

El último paso en un acuerdo del amor es la medición y la rendición de cuentas. Del mismo modo que lo hizo con los acuerdos del amor previos, diseñe una manera de llevar un registro de sus progresos y de asegurarse de su honestidad conductual a la hora de guardar su acuerdo del amor sobre el perdón.

Si le ha pedido a un amigo que sea su compañero de rendición de cuentas para estos acuerdos del amor, establezca con él o ella un tiempo regular para la revisión y medición de sus metas. Recuerde que *no es su meta* descubrir los pecados de su cónyuge. Estos pecados no constituyen el asunto en cuestión. La meta es aumentar su habilidad para guardar su acuerdo del amor del perdón.

Conforme el perdón llegue a ser un modelo de su estilo de vida en su matrimonio, usted será capaz de ser cada vez más honesto mientras le pide perdón a su cónyuge por sus propias acciones pecaminosas. También podrá experimentar el gozo de ser capaz de amar a pesar de estar casado con una persona pecadora… de la misma manera que esta también está casada con alguien pecador, lo cual nos incluye a todos. Es maravilloso el hecho de otorgar esa gracia a otros y permitirles que tengan faltas y sean imperfectos, y sin embargo muy amados por Dios y por usted. ¡Usted se merece este estilo de vida de libertad y de amar libremente a su cónyuge!

Aun cuando su cónyuge no pida perdón ni se arrepienta, imagine cuánto mejorará su matrimonio cuando le ofrece amor y perdón cada día. Con el tiempo, en la medida en que su pareja lo vea sonreír en vez de fruncirse cuando le falla, esta nueva actitud puede causar un cambio en su cónyuge. Después de un tiempo puede que su cónyuge abandone alguna de esas conductas producto de que ya no son divertidas.

Al igual que los otros acuerdos del amor, el perdón tiene el poder real de afectar de forma positiva su matrimonio. Desde este día en adelante determine ofrecer la gran bendición del perdón a su esposo o esposa.

Acuerdo del Amor #4

Me anticiparé a las necesidades espirituales,
emocionales, físicas y materiales de mi cónyuge,
y haré todo lo que esté en mi poder para satisfacerlas.

CAPÍTULO SEIS

Acuerdo del amor #4:

SERVICIO

E n la noche en que Jesús fue traicionado, tomó una toalla y un recipiente de agua y lavó los pies de sus discípulos (véase Juan 13:1-17). En los días de Jesús, el lavado de los pies era algo cotidiano... *pero era la costumbre que fuera un esclavo de la casa el que lavara los pies de los invitados.*

Cuando Jesús y sus discípulos llegaron al aposento alto para comer su última cena juntos, ninguno de los doce discípulos ni siquiera consideró asegurarse de que los pies de cada uno fueran limpiados del polvo de la calle. Sin embargo, Jesús aprovechó esta oportunidad para coger el recipiente de agua y lavar los pies de sus discípulos. Esta historia es una gran ilustración del llamado que cada uno de nosotros ha recibido de servir a los demás.

Hace poco vi otra gran ilustración del servicio cristiano. Llegué a recoger a mis niños a un ensayo de «La espina», una producción grande de Semana Santa representada en la iglesia con un reparto de más de quinientos miembros. En este día del ensayo en particular, previamente se había mostrado una nueva película de los Veggie Tales {Cuentos de los vegetales}, a cuyo estreno habían asistido más de mil niños.

Cuando me senté para pasar unos pocos minutos escribiendo mientras esperaba que mis hijos terminaran su ensayo, pude ver que se habían preparado bebidas y bocadillos para los niños que veían la película, ya que varias personas estaban muy dedicadas a la limpieza. De pronto vi al pastor Kevin, el pastor de los niños.

No era casual ver al Pastor Kevin en la iglesia en cualquier momento del día puesto que más de mil niños habían sido ubicados bajo su cuidado. Tenía varios colaboradores a tiempo completo y voluntarios que se subordinaban a él. Pero este día, cuando vi al pastor Kevin en la iglesia, él no estaba predicando ni administrando ni nada por el estilo. Estaba utilizando en silencio un trapeador grande para limpiar el piso que la multitud de niños habían ensuciado cuando estuvo allí poco antes. Como usted ve, el pastor Kevin estaba sirviendo calladamente.

Servir es una virtud cristiana. Hay muchos que se esfuerzan por liderar, pero Cristo nos llamó a servir. En cierto punto los discípulos de Jesús estuvieron discutiendo acerca de cuál de ellos sería considerado para ser el mayor. Cuando Jesús escuchó su discusión, les dijo:

> Los reyes de las naciones oprimen a sus súbditos, y los que ejercen autoridad sobre ellos se llaman a sí mismos benefactores. No sea así entre ustedes. Al contrario, el mayor debe comportarse como el menor, y el que manda como el que sirve. Porque, ¿quién es más importante, el que está a la mesa o el que sirve? ¿No lo es el que está sentado a la mesa? Sin embargo, yo estoy entre ustedes como uno que sirve.
>
> —Lucas 22:25-27

Dios está buscando siervos en el reino de Dios. Esto también se aplica a lo que Dios busca en un matrimonio cristiano... un siervo.

Cuando somos llamados al matrimonio, somos llamados a servidumbre. Decimos que «sí» para servir a la otra persona todos los días de nuestra vida.

Algunos de nosotros lo hemos entendido al revés... creemos que es nuestro cónyuge el que se supone sea nuestra siervo. Lo siento, pero eso no es lo que Dios quiso. Los dos somos llamados a servirnos el uno al otro.

Hay varias áreas de necesidad donde usted tiene que aprender a servir al otro en el matrimonio. Es una buena idea discutir esto para tener una oportunidad de evaluar cómo usted está sirviendo a su cónyuge en cada una de estas áreas.

EL SERVICIO ESPIRITUAL

Su cónyuge necesita que usted le sirva espiritualmente. Puede servirlo desde el punto de vista espiritual siendo espiritualmente fuerte, orando, estudiando la Palabra y desarrollando un círculo de buenos amigos cristianos.

Su cónyuge necesita que le sirva siendo su mejor intercesor. Por lo menos ore una vez al día por él. Preocúpese lo suficiente por el crecimiento espiritual de su cónyuge como para preguntar sobre las lecciones espirituales que está aprendiendo. Discuta sobre su estudio bíblico diario e interésese en su relación personal con Cristo.

Su cónyuge también necesita que usted le sirva siendo fiel en una iglesia local. Mantenga una actitud consistente y positiva con relación a su iglesia, y ofrende desde el punto de vista financiero también. La iglesia local es la mejor manera de crecer y practicar su fe. El estar plantados de forma firme en una iglesia local alentará a ambos a que se aferren a Dios y su gente conforme atraviesan las diferentes pruebas y temporadas de la vida.

Su cónyuge necesita también su corazón de siervo conforme usted sirve a sus niños. Muchos padres no se involucran de forma deliberada en el crecimiento espiritual de sus niños. Pero usted puede ser de los que sí lo hacen. Sirva al espíritu de sus niños, leyéndoles la Palabra, involucrándolos en la iglesia local y viendo que tengan amigos cristianos.

EL SERVICIO EMOCIONAL

Cada uno necesita un porrista emocional, alguien que le aliente y levante su espíritu cuando está desalentado. Servir a otra persona emocionalmente no requiere la habilidad de solucionar problemas... solo requiere su presencia y apoyo.

Un siervo emocional invita a su cónyuge a descubrir sentimientos ocultos de manera que pueda entender lo que ocurre en su interior. Un siervo emocional no avergüenza al otro por sentimientos incongruentes ni tampoco trae aquellos sentimientos de vuelta para degradar a la persona.

Comprométase a llegar a ser el siervo emocional de su cónyuge. Manténgase emocionalmente en forma, de manera que conozca y comprenda los sentimientos que está experimentando por dentro. Sea vulnerable, de manera que su cónyuge se sienta segura al compartir sus sentimientos con usted.

Y sobre todo, proteja el corazón de su cónyuge. Lo que su cónyuge comparte con usted es comunicado como la confidencia más extrema... no lo comparta con amigos, parientes ni hermanos. Debe quedar solo entre ustedes dos.

EL SERVICIO FÍSICO

Un área muy importante de la vida de su cónyuge es el cuerpo físico. Algunos cónyuges son magníficos para cuidar sus cuerpos y otros son... digamos, menos responsables.

Un área muy importante del servicio físico es el ejercicio. Ahora, usted no puede decir de modo abrupto: «Oye mi amor, permíteme que te deje en el gimnasio». Pero puede invitar a su pareja a asistir a un gimnasio con usted. Si son padres con hijos pequeños, pueden disfrutar de un gimnasio que tenga atención para niños y *vayan al gimnasio juntos.* También puede sugerir dar caminatas juntos. Es importante que su cónyuge sea una persona sana.

Algunas mujeres se sienten más cómodas en un gimnasio solo para damas. Si ese es el caso, sirva a su esposa haciendo lo que sea necesario para proveerle el tiempo para que vaya al gimnasio. El ejercicio es muy importante en cada matrimonio, y Lisa y yo hemos hecho de esto nuestra prioridad. Con regularidad nos servimos el uno al otro proveyéndonos respectivamente la oportunidad para hacer ejercicio. Los miembros de nuestra familia no se sientan a ver televisión por la noche ni tampoco jugamos juegos de video. Puede ser que veamos en ocasiones un video, pero nos inclinamos más a los juegos, las caminatas, a sacar a pasear al perro o a hacer algo que permita que nuestros cuerpos tengan una oportunidad de hacer ejercicio.

El ejercicio no es la única área donde su cónyuge necesita su servicio. La alimentación es otra esfera donde el servicio es importante. La obesidad está fuera de control en la iglesia. Esta puede ser un área muy sensible porque muchos estadounidenses tienen poco autocontrol con la comida.

Pero hay muchas maneras en que usted puede proveer servicio a su cónyuge en esta área de la nutrición. He aquí la forma en que Lisa sirve a nuestra familia en los aspectos relacionados con la alimentación. Ella no compra dulces, galletas o montones de bocadillos con azúcar. Prepara refrigerios hechos en casa para nuestra familia. Nos provee con opciones saludables como fruta para comer. Prepara la cena temprano, de manera que no comamos tarde y vayamos directamente a la cama. También nos servimos el uno al otro pesándonos a diario. De esta manera sé si debo ser cuidadoso al comer ese día o si necesito añadir un poco de ejercicio. Si conozco en qué dirección se está moviendo mi peso, entonces puedo cambiar. Nuestros cuerpos son un regalo que entregamos a Dios y a nuestro cónyuge.

En verdad aprecio la manera en que Lisa me sirve físicamente. Ella luce tan maravillosa como hace veinte años y todavía tiene la misma talla después de los años de embarazo. Parte de servir a nuestro cónyuge es estar razonablemente en forma. Cuando usted no hace ejercicio, se acumula la tensión y puede volverse menos divertido para todos los que le rodean.

EL SERVICIO MATERIAL

Vivimos en un mundo material. Todos necesitamos ropa, zapatos, mobiliario, productos de belleza y una lista interminable de otras necesidades y deseos legítimos. Así que también podemos servir a nuestro cónyuge generando riquezas.

En los Estados Unidos tanto los hombres como las mujeres pueden generar riquezas. Aun en los días de antaño cuando las mujeres no eran valoradas, ellas lo hacían. La mujer de Proverbios 31 estaba generando riquezas. Tenía una empresa de bienes raíces y un negocio al menudeo y todavía mantenía a su familia bien cuidada.

Si ambos, usted y su cónyuge, están generando riquezas, serán capaces de ahorrar para los gastos de la educación universitaria y de la jubilación con más facilidad, y podrán dar más para el avance del reino de Dios. Generar riquezas es solo una parte de servir a su cónyuge materialmente. Usted debe manejar bien sus recursos. Sé de millonarios que han llegado a la bancarrota. No se trata solo de lo que usted produce, sino de lo que hace con eso. Tengan un plan inteligente para emplear el dinero, sobre el cual se puedan poner de acuerdo. Nunca viva con el cien por ciento de lo que usted gane. Y tenga una política de endeudamiento muy conservadora.

Como cristiano le recomendaría dar el diezmo. Casi cada matrimonio que he visto al pasar de los años con problemas financieros eran personas que no diezmaban. He diezmado desde que fui salvado por el Señor. Más de veinte años después puedo decir con toda honradez que creo que la bendición de Dios está sobre nuestras vidas materiales debido a haber sido obedientes en esta área.

Si ustedes se sirven el uno al otro generando riquezas, manejando sus ingreso y diezmando al Señor, cuando su cónyuge desee algo de valor material, y esto sea una cosa razonable, es probable que usted podrá satisfacer ese deseo, sea esta una necesidad o solo un juguete. ¡Servirse el uno al otro en forma material hace que uno se sienta bien!

EL SERVICIO SEXUAL

El sexo es uno de los regalos más grandes que Dios le da a las parejas casadas. Es maravilloso. El sexo también es un área donde las necesidades de su cónyuge requieren de su servicio. En esta área su cónyuge depende por completo del nivel de semejanza a Cristo que usted tenga. Si una persona en una relación matrimonial está centrada en sí misma sexualmente, producirá dolor al otro y traerá daño a la relación matrimonial.

Sirva a su esposo o esposa sexualmente al cuidar de su sexualidad, lo cual incluye sus formas de entretenimiento, sus conversaciones con otros y lo que usted ve en el Internet. Su órgano sexual pertenece a Dios y a su cónyuge, no a usted mismo (véase 1 Corintios 7:1-7).

No debería entretenerse con pensamientos de lascivia relacionados con otros (Éxodo 20:17; Mateo 5:28). Eso significa absolutamente ninguna pornografía. Dé el primer paso para sanarse sexualmente, de manera que sirva a su cónyuge.

El abuso sexual es un asunto que impacta a algunos hombres y mujeres cristianos. Si usted está incluido en este número, entonces va a necesitar sanar esta área de su vida a fin de poder servir a su cónyuge. Le recomiendo que haga el ejercicio de «Limpiar el templo» descrito antes en este libro para cualquier perpetrador sexual del pasado, de manera que usted pueda servir a su cónyuge en el área sexual.

Es probable que usted y su cónyuge tengan preferencias y deseos sexuales muy diferentes. Si estas diferencias están provocando problemas en su relación, le recomiendo fuertemente que lea mi libro *Intimidad: Una guía de 100 días para las relaciones duraderas.*

Usted puede caminar en acuerdo en lo que se relaciona con las preferencias de su terreno sexual. Y puede servir a su cónyuge honrando su personalidad sexual y no tratando de moldearla a imagen suya.

Sirva a su cónyuge sexualmente guardando algo de energía física para su cónyuge y asegurándose de que la puerta del dormitorio quede cerrada de manera que no sean interrumpidos. Evite trabajar más de lo indicado o limpiar más de lo debido, porque los dos pueden desgastarse. Midan su paso. Si tienen temas médicos o emocionales relacionados con su sexualidad, estén prestos para intentar resolver estos asuntos.

SERVIR EN EL ÁREA DEL ENTRETENIMIENTO Y LA DIVERSIÓN

Todos necesitan diversión y entretenimiento en sus vidas. Se espera que usted no se haya casado con su cónyuge para aburrirla hasta morir. Esfuércese al máximo para servir a su pareja en el área del entretenimiento.

Puede ser tan sencillo como hacer salidas rotativas semanales de tal forma que ambos puedan divertirse. Salir juntos como pareja es crítico para un matrimonio sano. Divertirse en forma regular es importante. Estos eventos por supuesto necesitarán ser planificados, y usted puede comenzar a servir a su cónyuge proponiendo ideas de lugares a donde ir los fines de semana. Las vacaciones son también importantes. Animo de forma enérgica a los matrimonios para que hagan de sus vacaciones un tiempo de diversión y descanso. Considere que uno de ustedes puede considerar como vacaciones divertidas unas que involucran riesgos y aventuras, y el otro puede que desee un descanso callado y relajante.

Sirva a su cónyuge reconociendo la manera en que su cónyuge se relaja. Asegúrese de que ambos tengan una distribución equitativa de las citas y las vacaciones. Si usted siempre es el que hace lo que quiere, no está sirviendo a su cónyuge. Trabajen juntos para servirse el uno al otro, incluyendo maneras de entretenimiento que resultan satisfactorias y plenas para ambos.

EL SERVICIO EN EL HOGAR

Los asuntos del hogar en un matrimonio son muy importantes. Este es el punto donde ponemos los pies en la tierra en el tema de servirse el uno al otro. Sin embargo, es fácil encontrar maneras de servir a su cónyuge en el hogar, porque siempre hay cosas útiles para que ambos realicen alrededor de la casa.

Comience su servicio a su cónyuge asegurándose por completo de que usted realice al menos la porción acordada de lo que se necesita hacer. No realizar lo que ha convenido hacer creará resentimientos legítimos en su relación.

Sirva a su cónyuge asumiendo la responsabilidad por lo que él o ella por lo general realiza… y hágalo bien. De la manera como no existe *varón* ni *mujer* en Cristo, no hay tareas domésticas que sean masculinas o femeninas (Gálatas 3:28).

Usted puede servir en cualquier área de las tareas domésticas. Sea un sirviente resuelto. Manténgase a la delantera en el juego de las tareas domésticas. Cuando vea toallas o ropa en el piso, recójalas. Cuando encuentre platos sucios en el fregadero, lávelos. Solo involúcrese y hágalo. No tenga la actitud de llevar un registro de lo que se hace o no; más bien compórtese como el que desea tener el marcador a su favor. Como siervo cristiano usted no querrá tener una actitud de hacer las cosas «en pago de» algo en particular, ni tener una mentalidad de «yo hice esto y tú haz esto otro». *Exceda en servicio a su cónyuge con regularidad*. Haga más de lo que ella hace. Por lo general no toma tanto tiempo.

Siéntense juntos y desarrollen una lista de proyectos sobre los que ambos estén de acuerdo. Luego realícenla de forma sistemática. No digan que están muy ocupados para ayudar. Créanme, soy una persona ocupada, así que sé que no tienen excusa. Para mí doblar la ropa es una forma de servir a mi mujer, y saber que los platos están en el lavaplatos limpios o sucios es una manera de llevar un romance con ella. No me considero demasiado bueno para servirle a mi mujer, puesto que ella es una reina de Dios y nuestra familia es la realeza. Servirle es mi responsabilidad y mi deleite.

Soy el que me hago cargo de las tareas incómodas y de las que «hay que hacer». Sé que esta es una forma de amar a Lisa, así que no representa para mí ningún problema. Además es divertido servir al cónyuge alrededor de la casa: cambiar los focos, sacar la basura, limpiar los gabinetes, poner los platos en la lavadora o guardarlos. Esto no es nada para un siervo del Dios vivo.

Se siente bien servir a nuestra cónyuge en las varias áreas de su vida. Creo que usted puede aumentar de forma efectiva su amor por su cónyuge a través del servicio. El corazón de siervo permite que usted se sienta bien al hacer cosas útiles por los que ama. En mi experiencia, esta también es una manera tangible de que ellos sientan su amor.

Me siento amado cuando Lisa cambia un foco. ¿Por qué? Porque eso de forma habitual es mi trabajo. Así que cuando ella hace esta tarea en servicio a mí, me bendice. Los dos ganamos cuando nos servimos el uno al otro. El acuerdo del amor del servicio requiere tiempo y energía, pero resulta divertido cuando usted lo está haciendo en el espíritu correcto para alguien que ama.

Antes de que haga su compromiso de servicio, dedique un tiempo para terminar con los viejos acuerdos de ser servido y en vez de eso haga uno para servir. Diga esta oración en voz alta:

> *Jesús, te pido perdón por el pecado de ser egoísta y por la falta de servicio a mi esposo o esposa. Ordeno que todos los acuerdos de esta actitud impía sean rotos en mi mente, voluntad y emociones. Ordeno que las actitudes, creencias y comportamientos que han sido egoístas y que no han servido a mi cónyuge sean rotos, en el nombre de Jesús.*

¡Eso es sensacional! El primer paso para hacer un acuerdo del amor es romper con acuerdos previos que se oponen a su nuevo camino en la vida.

MI COMPROMISO A SERVIR

Ahora hagamos de forma oficial un acuerdo del amor para servir.

ACUERDO DEL AMOR #4

ME ANTICIPARÉ A LAS NECESIDADES ESPIRITUALES,
EMOCIONALES, FÍSICAS Y MATERIALES DE MI CÓNYUGE
Y HARÉ TODO LO QUE ESTÉ EN MI PODER PARA SATISFACERLAS.

Si está listo para hacer este acuerdo, diga esta oración en voz alta:

Jesús, de forma oficial hago un acuerdo del amor para servir a mi cónyuge a plenitud. Ordeno a mi mente, voluntad y emociones que creen nuevas actitudes, creencias y comportamientos para servir a mi cónyuge. Estoy de acuerdo en sobrepasar a mi cónyuge en el servicio, todos los días de mi matrimonio. Hago este acuerdo ahora, en el nombre de Jesucristo.

Este acuerdo puede marcar un hito para algunos de ustedes. Servir es una actitud del corazón que seguirá creciendo en la medida en que usted aplique este acuerdo del amor de forma regular.

ESTABLEZCA SUS METAS

Ahora que ha hecho un acuerdo del amor para servir; avance al siguiente paso de establecer metas para usted. En la sección que sigue podrá definir metas en cada una de las diferentes áreas de servicio que hemos considerado en este capítulo. Puede ser que ya esté ofreciendo un servicio excelente a su cónyuge en alguna de estas áreas, pero seguro hay otras a las que necesita dedicarles un enfoque adicional. Así que escoja un área en la cual le gustaría comenzar desde cero y establecer algunas metas:

Subraye cada una de las metas siguientes que se compromete a mantener, y para cada meta que subraye, llene el espacio indicado con la conducta específica que usted utilizará para alcanzar esa meta:

METAS PARA EL SERVICIO ESPIRITUAL

• Elegiré a diario un tiempo específico para orar por mi cónyuge.

_____

• Apartaré un tiempo con regularidad para orar con mi cónyuge.

_____

• Apartaré un tiempo con regularidad para leer la Palabra juntos.

_____

• Invitaré a mi cónyuge a tener juntos un tiempo de adoración.

_____

• Asistiré a la iglesia con regularidad y estaré involucrado en la vida de la misma.

_____

• Invitaré a mi pareja a que comparta conmigo lo que Dios le está enseñando y cómo lo hace.

_____

• Nutriré espiritualmente las vidas de mis niños.

_____

Metas para el servicio emocional

• Proveeré aliento con regularidad.

_____

• Le pediré a mi cónyuge que me comparta sus sentimientos y los escucharé con atención.

_____

• «Escucharé» los sentimientos no verbales que mi cónyuge expresa y le pediré que me hable sobre ellos.

_____

• Me mantendré consciente de lo que estoy sintiendo.

_____

• Cuando mi cónyuge esté compartiendo una historia de la infancia o un suceso actual, le pediré que exprese sus sentimientos al respecto.

_____

• Cuando haga decisiones, invitaré a mi cónyuge a expresar sus sentimientos sobre mi decisión.

_____

Metas para el servicio físico

• Me comprometo a hacer ejercicios _____ veces a la semana.

_____

• Invitaré a mi esposa a caminar, montar bicicleta o hacer cualquier otro ejercicio juntos.

_____

- Seré prudente sobre mi uso de la cafeína o el azúcar.

_____

- Haré elecciones sanas con respecto a las cosas que como.

_____

- Oraré por cualquier asunto físico con el que mi cónyuge esté lidiando.

_____

METAS PARA EL SERVICIO MATERIAL

- Evaluaré mis planes actuales para la generación de riquezas.

_____

- Evaluaré mis decisiones presupuestarias actuales.

_____

- Evaluaré mis planes de ahorro actuales.

_____

- Evaluaré mis planes de ahorro actuales para la educación universitaria de nuestros niños.

_____

- Evaluaré mis metas financieras actuales para la jubilación.

_____

- Evaluaré mi filosofía y práctica corriente de endeudamiento.

_____

- Evaluaré mi compromiso habitual a diezmar.

_____

- Invitaré a mi esposa a hacer sus apreciaciones en el proceso de evaluación de mis metas anteriores.

- He establecido una meta para proveer un artículo material para mi cónyuge sobre el que ha expresado su deseo.

Metas para el servicio sexual

- Agradeceré a Dios por la sexualidad de mi cónyuge y su personalidad sexual.

- Aceptaré y celebraré la sexualidad de mi cónyuge.

- De forma deliberada procuraré complacer sexualmente a mi cónyuge.

- Tocaré a mi esposa con intención de maneras no sexuales.

- No le pediré a mi esposa que responda sexualmente en maneras que le resultan incómodas.

- Planificaré mi día para contar con energía para la intimidad sexual.

- Haré esfuerzos para tener algunos encuentros sexuales especiales.

METAS PARA EL ENTRETENIMIENTO Y LA DIVERSIÓN

• Haré el esfuerzo para salir con mi esposa semanal o quincenalmente.

• Elegiré en ocasiones una actividad que sea divertida para mi cónyuge y la realizaré con una buena actitud.

• Discutiré sobre los planes de vacaciones con mi cónyuge, de manera que las necesidades de ambos puedan ser suplidas.

• Haré una lista de cosas placenteras para ambos y encontraré maneras de programarlas en nuestro estilo de vida regular.

• Crearé un presupuesto para salidas regulares y vacaciones especiales.

• Programaré una salida de fin de semana solo para mi esposo o esposa y yo.

METAS PARA EL SERVICIO EN EL HOGAR

• Haré una lista de proyectos del hogar cuya realización sea mi responsabilidad.

• Realizaré un seguimiento para tener éxito en las responsabilidades acordadas del hogar.

- Una vez al _____ planificaré para hacer las labores de mi esposa.

  _____

- Cumpliré un proyecto hogareño específico _____ veces al mes.

  _____

- Colaboraré en la casa más de lo que mi cónyuge lo haga y con una buena actitud.

  _____

- Le agradeceré a mi cónyuge por su trabajo en la casa.

  _____

MIDA SU PROGRESO

El acuerdo del amor sobre el servicio es un acuerdo muy práctico. Para tener éxito en este acuerdo de servicio, como en los otros, lo mejor es medir su progreso. Así que escoja una meta y defina una forma de medida para evaluar su progreso en el servicio a su cónyuge.

Resulta mejor si se enfoca de meta en meta a fin de tener éxito. Usted querrá permanecer enfocado en lograr una meta de servicio y a continuación seguir con la siguiente.

Reúnase con su compañero de rendición de cuentas de manera regular y revise sus metas. Aprenderá mucho sobre usted mismo conforme se esfuerza en servir a su cónyuge. Procure mantener el aprendizaje enfocado dentro del ámbito de su responsabilidad directa.

Evite desarrollar la opinión de que su cónyuge es egoísta y malagradecido ante su forma de servirle. Si tiene esa actitud no podrá guardar su acuerdo del amor para servir. En lugar de eso comenzará a sentirse como una víctima.

Cuando estaba recibiendo mi educación, no me llevó mucho tiempo entender que obtenía una nota por cada examen que tomaba. Si estudiaba, obtenía una buena nota. Si no estudiaba, la misma por cierto no era buena. Yo no tenía que preocuparme de que un compañero no hubiera estudiado y como consecuencia obtuviera una nota peor que la mía. Su calificación no era asunto mío. De la misma manera, no sea tentado a enfocarse en el servicio de su cónyuge hacia usted… ya sea este bueno o malo. Puede ser que su pareja tenga sus propios asuntos que resolver; todos los tenemos.

Mírelo de esta manera: ¿Alguna vez su preocupación por los asuntos de su cónyuge produjo alguna diferencia en el pasado? ¡Probablemente no!

Sin embargo, conforme usted sirva y quizá sobrepase a su cónyuge, las dinámicas de su matrimonio comenzarán a cambiar. El cambio normalmente es una cosa buena. Sirva por completo y mantenga sus ojos en Jesús, no en su cónyuge. Entonces usted sentirá su sonrisa al final del día y le escuchará decir: «¡Hiciste bien siervo bueno y fiel!» (Mateo 25:21).

ACUERDO DEL AMOR #5

No actuaré ni hablaré de un modo que rebaje,
ridiculice o avergüence a mi cónyuge.

CAPÍTULO SIETE

Acuerdo del amor #5:
RESPETO

E ra un domingo típico para Louis y Rose. Ellos apuraron a los niños para que se vistieran y pronto estaban saliendo y encaminándose a la iglesia. Mandaron a los niños a su clase de la Escuela Dominical y se apresuraron al santuario para participar de un gran servicio de adoración y escuchar el sermón de su pastor. Pronto estaban regresando de la iglesia al hogar. Al entrar en la casa, observaron un gran desorden. No, no fue lo que usted piensa, nadie irrumpió en su casa. Era solo el desorden que dejaron en su apuro al arreglarse para ir a la iglesia.

Rose lanzó el primer comentario:

—Louis, ayúdame a recoger este desorden.

—No es mi desorden. Yo recogí toda la mañana mientras te estabas arreglando el pelo —respondió Louis a la defensiva.

—Eso es ridículo —replicó—. ¿Cómo puede ser que recogiste si el lugar luce como está?

Ellos continuaron discutiendo mientras sus niños, que habían terminado de oír lindas historias bíblicas en la iglesia, escuchaban a sus padres atacarse mutuamente.

Karl y Julie habían estado casados por unos pocos meses cuando ingresaron para consejería conmigo. Julie se quejó de que desde el inicio de su matrimonio Karl la había rebajado continuamente. «Parecería que no logro hacer nada bien», me dijo ella. «Ni la lavada de la ropa, la cocina, el sexo, el dinero… nada en lo absoluto. No quiero vivir en un matrimonio donde tengo que escuchar a mi esposo corrigiéndome todo el tiempo. Detesto esto. Lo odio». Mientras ella hablaba, las lágrimas corrían por su rostro delante de Karl y de mí.

Ambos matrimonios, Louis y Rose y Karl y Julie, comparten un asunto similar. Las dos carecen de un respeto fundamental entre sí. Conforme aconsejo a matrimonios como Julie y Karl, a menudo ellos admiten que vieron a sus padres actuar de manera irrespetuosa el uno hacia el otro, y solo pensaron que era normal ser irrespetuoso con su cónyuge.

Otros explican que habían llegado al lugar donde Louis y Rose estaban después de una erosión lenta del respeto que ocurrió con el paso del tiempo. Louis y Rose no dejaron de amarse; *solo se salieron de la esfera del respeto mutuo.*

He descubierto que hay algunos tipos de «juegos» de irrespeto que las parejas pueden jugar en el matrimonio. El primero ha llegado a conocerse como el juego de «yo gano». Este es un juego en el que las parejas se enfrascan en salirse cada uno con la suya. Cualquiera de los miembros de la pareja lo inicia, pero una vez que comienza es toda una carrera.

No existen reglas para este juego del «yo gano», solo un ganador y un perdedor. Una vez que usted comienza puede sacar a relucir una historia negativa sobre su cónyuge, atacar su carácter, sexo, familia de origen, o hacer cualquier otra cosa que pruebe que usted está por encima de su cónyuge.

Otro juego que algunas parejas realizan es «el señor superior o la señora superiora». En este juego una persona adopta una postura de superioridad sustentada emocionalmente. Dicha persona puede estar respaldada por la edad, la educación o las experiencias de la vida, pero de alguna forma él o ella es superior a su cónyuge. Las parejas que se enganchan en este juego ni siquiera discuten mucho; ellos solo tienen la razón en virtud de lo que son.

En cada uno de estos juegos, uno de los miembros de la pareja proyecta una falsa imagen de sí mismo, una que no es humana, no tiene faltas, no es pecadora, sino solo maravillosa todo el tiempo. Estos tipos distorsionados del ser humano de forma habitual irrespetan a sus cónyuges, que también son poco menos que perfectos. Siempre me asombra cómo esta gente perfecta puede escoger pecadores tan terribles como pareja. Cuando alguien está siendo irrespetuoso a su cónyuge, debido a una falsa imagen de sí mismo, es muy difícil llegar muy lejos con esa persona en la consejería porque no es honesta con respecto a sí misma.

LAS CREENCIAS CENTRALES DE UN CÓNYUGE IRRESPETUOSO

Existen creencias centrales que aun el cónyuge irrespetuoso mantiene como importantes. En esta sección estoy incluyendo algunas creencias centrales para que usted las lea y las aplique. Sé que se sentirá tentado a mirar a su cónyuge, pero por favor no lo haga. El conocer los defectos de su cónyuge no le ayudará a cambiar personalmente. Recuerde que cuando *usted* cambie, este cambio también influenciará su matrimonio.

«Tengo el derecho a criticar».

Una persona irrespetuosa cree que solo porque puede ver una debilidad, deficiencia o una cualidad menos que maravillosa en su cónyuge, tiene derecho a resaltarla ante su cónyuge. Él o ella casi cree que es su responsabilidad compartir aquellas faltas con su cónyuge con regularidad, cual si la crítica compartida fuera a beneficiar inmensamente a su cónyuge y a ayudarle a crecer. En mi experiencia profesional un irrespetuoso en general no es muy buen guerrero de oración. Las debilidades que usted ve en su cónyuge deberían ser cubiertas en sus oraciones antes de ser echadas en cara a su consorte... si es que en realidad alguna vez debería hacer esto.

«Mis percepciones son verdad».

Una persona irrespetuosa tiene una autoridad incuestionable. Sus percepciones son absolutas. Tiene poderes innatos para interpretar sus pensamientos, motivaciones y creencias todo el tiempo. Lo que usted estaba en verdad pensando o sintiendo no es real; la verdad real está constituida solo por lo que esta persona piensa que usted estaba pensando y por las cosas que ella cree que motivaron sus acciones.

Este irrespetuoso pasará horas interminables convenciéndole de lo que «usted en realidad quiso decir» o de «por qué usted hizo esto o lo otro». Si está casado con alguien irrespetuoso, no hay dudas de que usted tiene que pasar largas noches en discusiones acaloradas.

«Siempre es tu falta».

Esta creencia central está basada en la negación de los hechos. Cualquiera que cree que nunca tiene nada que ver con las interacciones poco positivas de un matrimonio, está lisa y llanamente en *negación* de la realidad. Este ser irrespetuoso vive en una relación miope con respecto a sí mismo. Siempre cree estar «en lo correcto». Si es que hay alguna cosa negativa que tiene que ser tratada, tiene que ser culpa de alguien más, porque él o ella se considera una persona maravillosa. Mi experiencia es que este irrespetuoso de forma habitual tiene secretos por los que se siente muy mal, y que son la razón de por qué cometer otros errores es algo que le hace sentir peor y más desesperanzado.

«Solo me estoy divirtiendo».

Este irrespetuoso acomoda su irrespeto y superioridad en el humor: «Usted sabe, en realidad no quise decir eso», pero lo dice con la suficiente frecuencia como para hacerle especular sobre lo que en realidad estaba pensando. Si le hace quedar mal delante de otros y logra que haya otros irrespetuosos que también se rían, es porque «solo se están divirtiendo».

Por lo general estos irrespetuosos son de piel muy fina. Si usted cambia los papeles y logra que otros se rían de ellos, se ponen furiosos. Es entonces cuando el irrespeto ya no es diversión; usted es el malo ahora.

«Estoy enojado, qué pena».

La creencia central de este irrespetuoso es creer que si está enojado, no hay reglas. El cortarte en pedacitos o descalificarte es un comportamiento perfectamente permisible. Si esta persona le presiona hasta que usted se defiende o llora, qué pena para usted. Se merece ese mal tratamiento malo porque «yo estoy enojado, y necesito de alguien más para descargar mi dolor».

«Tu corazón no tiene valor».

La creencia central es difícil de entender si usted es una persona que valora los sentimientos de la otra. A este irrespetuoso en verdad no le importa lo que usted sienta o piense. Para él o ella, es mucho más importante que se rinda o se ajuste a su agenda o creencia, antes de tener que adaptarse a la suya. Es más importante que usted obedezca lo que le dice, sin importar quien sea. El ser escuchado es irrelevante; este barco va en su dirección. Por lo tanto su perspectiva es: «¡Súbete o quítate del camino!»

Es evidente que el ser irrespetuoso es muy contrario al corazón o a la naturaleza de Cristo. Dedique un momento a considerar el asunto del amor y el respeto. Dios lo sabe todo. Es todopoderoso y en verdad es el Dios del cielo y de la tierra. No solo vino a la tierra, sino que vino como una de sus criaturas… un hombre. Vino a intentar enseñarnos. Él murió, resucitó y volverá por nosotros. Él no solo nos ama, sino respeta el valor que nos ha dado.

Ahora recuerde esto: Dios no vino a hacer todo esto solo por usted; *él lo hizo por su cónyuge también*. Su cónyuge es amada por Dios. Cristo murió por su cónyuge y lo respeta. Él escucha al corazón de su cónyuge, a sus discusiones menos que lógicas, y lo hace con respeto.

Un *respetuoso* se relaciona más desde una perspectiva de vida y reciprocidad, una perspectiva por completo diferente de la que tiene el irrespetuoso. El respetuoso comprende la definición de respeto. *Respetar* es «dar honor o preferencia a otra persona».

La mayoría de nosotros tenemos gente a la que damos honor o preferencia. Estas personas pueden ser nuestros pastores o alguien mucho mayor o más exitoso que nosotros. La mayoría de nosotros honraría al presidente de los Estados Unidos, a un actor famoso o a una celebridad, o incluso a nuestros propios niños. Si usted conociera al hijo de alguien famoso, puede ser que le dé honor a esa persona en razón del estatus que tiene su padre.

Hace poco tuve el privilegio de ser el presentador del programa *Praise de Lord* en TVN. A pesar de que había estado en este programa antes, esta vez era especial porque todo el show se enfocaba por completo en el matrimonio. Algunos de los mejores escritores y consejeros cristianos estaban en el programa, incluyendo a uno de los padres del movimiento cristiano sobre el matrimonio, el doctor Gary Smalley. Greg Smalley, su hijo, también estaba presente en el show esa noche. Podía sentir cómo yo daba honor a Greg Smalley en virtud de que era el hijo de alguien a quien honraba.

Creo que ya sabe a dónde quiero llegar. ¿Si Dios, que es Rey de todos los reyes de todos los tiempos, tuviera un hijo, usted podría honrar a ese hijo, verdad? Ese hijo, a través de Jesucristo, es su cónyuge. Respetar a esta es el principio de este acuerdo del amor.

LAS CREENCIAS CENTRALES DE UN RESPETUOSO

Los respetuosos también tienen un conjunto de creencias centrales. Estas creencias son muy diferentes a las de un irrespetuoso, las cuales discutimos antes.

Somos iguales.

Un respetuoso llega al matrimonio con la idea de que su cónyuge es por completo igual a él o ella en valor. Esta puede razonar y tener una perspectiva diferente, pero todavía subsiste la igualdad. El valor de un respetuoso no se basa en el sexo, el éxito o la educación; se basa en la sangre de Jesucristo. Este meollo de igualdad le permite al respetuoso escuchar del todo a su cónyuge, ya que cree que si no escucha con cuidado es posible que se pierda algo valioso.

Los corazones son valiosos.

El respetuoso no solo quiere conocer la mente de su cónyuge, sino también desea conocer cómo se siente. El respetuoso se enfoca en conectarse corazón a corazón. Considera que la persona que se esfuerza en gobernar al corazón de otra persona, para obtener una meta o solo para quedar bien, es muy grosera e inmadura. Permanecer en una relación acoplada es más valioso para el respetuoso que cerrar un trato. El respetuoso valora a la persona más que los resultados.

La verdad es un viaje.

El respetuoso sabe y cree en verdad en su corazón que no conoce toda la verdad todo el tiempo. Sabe que Dios distribuye la verdad. Conoce que su cónyuge tiene algunas piezas de la verdad, y que juntos pueden tener o no toda la verdad que necesitan para resolver un asunto. En el corazón del respetuoso hay humildad para procurar la verdad y no para presumir que la conoce.

Ninguna emoción justifica la tosquedad.

Un respetuoso no es perfecto. También tiene emociones. Puede ser que no le gusten otros, o que llegue a estar herido, o que se enoje como el resto de nosotros. ¡Pero no se permite a sí mismo actuar así! La conclusión es que no es correcto ser grosero o descomedido. Le hiere más actuar como un irrespetuoso que quedarse callado y procurar actuar con gracia. El respetuoso conoce lo que mi pastor Ted Haggard nos dice todo el tiempo: «Tengan modales y sean amables».

Estamos autorizados a ser diferentes.

El ser diferente, el ver las cosas de manera diferente y aun tener diferentes resultados es normal para el respetuoso. ¿Qué podría usted esperar de dos personas cualquiera que tienen diferentes experiencias de vida, prioridades y educación… y eso que no mencionamos los sexos?

Esperar que dos personas estén de acuerdo en todo o piensen que una de ellas está siempre en lo correcto es absolutamente una locura para el respetuoso. No tiene sentido creer en la igualdad cuando Dios de forma intencional y experta nos hizo por completo diferentes el uno del otro. Para el respetuoso, es por entero aceptable discrepar… lo haremos durante toda nuestra vida, de todas maneras. Es de esperarse que manejemos las diferencias con respeto, pero dar por sentado una coincidencia de criterios, ni siquiera entra en la psiquis de un respetuoso.

Su cónyuge es desde todo punto de vista la persona más importante en su vida. Usted puede evaluarse a sí mismo ahora. ¿Está alineado más de cerca a las creencias centrales de un *irrespetuoso* o de un *respetuoso*? Tómese un momento y en realidad piense al respecto.

A un nivel central usted conoce que *es mejor tratar con respeto a su cónyuge de manera regular.* Usted también, de manera innata, sabe que es mejor honrar a su cónyuge con sus palabras y acciones. Además sabe que *se requiere cierto esfuerzo para no degradar, ridiculizar ni avergonzar a su cónyuge.*

Respetar a otros como Dios le respeta a usted significa alentar a la persona para que opere basada en sus fortalezas. Muestre respeto por su cónyuge alentándola a que se enfoque en los dones que Dios le ha dado. Muestre su aprecio por esos dones.

Por supuesto, usted puede ver las flaquezas de su cónyuge, pero *el respeto viene mano en mano con esas debilidades como una manera de apoyo, de tal forma que anime a su cónyuge a madurar.* Como padres, muchos de nosotros vemos las debilidades de nuestros niños. Puede ser que ellos las hayan heredado de su cónyuge o de nosotros mismos, o que tengan su propia debilidad única. Es de esperarse que nosotros no los avergoncemos o critiquemos. Antes bien, los respetamos y nos ofrecemos a ayudarles para que venzan sus debilidades.

Mi hija Hadassah apenas comenzó este año con el Tae-Kwon-Do. Su hermano empezó hace casi cinco años y posee cintas muy avanzadas. Él le enseñó en qué consistía la cinta blanca incluso antes de que comenzara su primera clase. Sin embargo, le tomó casi tres meses presentarse a prueba para su primer cambio de cinturón. No la avergoncé, pero finalmente le pregunté cuál era el asunto.

Descubrí que ella no quería hacer la prueba delante de los otros estudiantes y de sus padres. Tenía algún temor a esto. Me acerqué a Hadassah y le dije: «Escucha, si vences ese temor para la próxima prueba, te daré un poco de dinero para que lo deposites en tu cuenta». El dinero es muy valioso para Hadassah, no hace falta decir que ella de inmediato tomó su examen y recibió su nueva cinta amarilla.

De la misma manera que usted respeta a sus niños y los ayuda a madurar en sus debilidades, también debe respetar a su cónyuge en su debilidad. A la vista de Dios, todos somos bebés, cada uno creado de diferente forma. Le animo a que el uno disfrute de las diferencias del otro. El respeto permite el desarrollo independiente y diferente de los dones e intereses de su cónyuge. Un irrespetuoso quiere controlar y reprimir a su cónyuge. Dé un espacio a su cónyuge para que crezca y se convierta en quien es llamado a ser a la imagen de Cristo.

El respeto o irrespeto puede ocurrir en un segundo. Al instante me doy cuenta cuando he sido irrespetuoso con Lisa. Tal vez no le dejé terminar una oración o un pensamiento, o descarté lo que ella tenía que decir sin apoyar la manera en que llegó a esas conclusiones. En mi irrespeto, puedo decirle la razón por la que hizo tal cosa y señalarle el registro que llevo de esa debilidad, en un intento de jugar el juego de «yo gano».

Como ve, yo también soy humano. El respeto, como todos los acuerdos del amor, ha de exhibir crecimiento mediante el cambio de nuestro comportamiento habitual.

El respeto es algo que entregamos. Manténgase practicando para ser respetuoso. Deje que el respeto fluya desde el corazón de Dios a través suyo, para que al final llegue al corazón de su cónyuge.

Antes de que haga el acuerdo del amor del respeto, deténgase para romper con todo acuerdo que haya tenido de ser irrespetuoso hacia su cónyuge. Diga esta oración en voz alta:

Señor Jesús, confieso todos mis pensamientos, sentimientos, creencias, actitudes y comportamientos de irrespeto hacia mi cónyuge como un pecado total. Confieso que siempre fue, siempre es y siempre será pecado irrespetar a tu hijo o hija, mi cónyuge. Te pido que rompas toda fortaleza de irrespeto, sea que esté en mi mente, mi voluntad o mis emociones. Sácalas de mi espíritu, alma y cuerpo. De aquí en adelante no estoy de acuerdo en irrespetar en modo alguno a mi cónyuge.

MI COMPROMISO DE RESPETAR

¡Felicitaciones! Usted ha dado el primer gran paso. Ahora haga su acuerdo del amor de respetar:

ACUERDO DEL AMOR #5

NO ACTUARÉ NI HABLARÉ DE UN MODO QUE REBAJE, RIDICULICE O AVERGÜENCE A MI CÓNYUGE.

Diga esta oración en voz alta:

En el nombre de Jesús, ordeno a mi mente, voluntad y emociones que creen nuevos pensamientos, nuevas creencias, nuevas actitudes y comportamientos de respeto hacia mi cónyuge. Hoy hago de forma oficial el acuerdo del amor para respetar y amar a mi cónyuge, en el nombre de Jesús.

ESTABLEZCA SUS METAS

Al igual que con todo acuerdo del amor, necesitamos discutir algunas metas para crecer al respecto. Estas metas le ayudarán a lograr su objetivo final de mantener su acuerdo del amor para respetar.

Subraye cada una de las metas siguientes que se compromete a mantener, y para cada meta que subraye, llene el espacio
indicado con la conducta específica que usted utilizará para
alcanzar esa meta:

METAS PARA RESPETAR A MI CÓNYUGE

• Permitiré que mi cónyuge complete sus oraciones.

_____

• Escucharé los pensamientos que mi cónyuge expresa lo
suficiente como para repetir lo que está diciendo antes de
hacer comentarios.

_____

• Pediré a mi cónyuge que explique cómo es que llegó a
esas conclusiones.

_____

• Me pondré de acuerdo con mi cónyuge para orar sobre un
asunto antes de que tomemos decisiones.

_____

• Renunciaré a mi idea o elección en deferencia a la que él
o ella tuviere.

_____

• Escribiré cinco cosas que respeto de mi cónyuge y me
esforzaré para comunicarle mi respeto acerca de las mismas en forma regular.

_____

• Preguntaré la opinión de mi cónyuge sobre aquellas cosas
que normalmente decido por mí mismo.

_____

- Pediré perdón por irrespetar a mi cónyuge, ya sea que lo haya notado o no.

- Animaré a mi cónyuge en cualquier área de fortaleza o interés.

- Haré comentarios respetuosos y de apoyo de forma intencional y regular delante de mis niños.

- Haré comentarios respetuosos y de apoyo de forma intencional y regular acerca de mi cónyuge delante de mis amigos.

MEDIR PARA TENER ÉXITO

Ahora que usted ha elegido sus metas, es el momento de diseñar una manera de medir su progreso con relación a ellas, esto facilitará el avance en su acuerdo del amor para respetar. Ya sea en una nota adhesiva, una lista de comprobación o en una hoja, haga algo que sea tangible para reportar su crecimiento.

El último paso en cualquier acuerdo del amor es la rendición de cuentas. Una vez que se ha conectado con su compañero de rendición de cuentas, establezcan la frecuencia con la que se reunirán. También determinen cuáles son las metas de su acuerdo del amor para respetar.

Recuerde que el respeto es más a menudo una cosa que se *contagia* antes que algo que se *enseña*. En la manera en que usted respete activamente a su cónyuge, espere algunas respuestas inquisidoras en el sentido de por qué está usted actuando de manera diferente. Eso es un buen indicio de que su respeto está causando impacto.

Al igual que todos los acuerdo del amor, el acuerdo de respetar es poderoso. Ser respetado, escuchado y afirmado puede ser un tipo de interacción de los que cambian el sistema. Prepárese para que, con el tiempo, su cónyuge en efecto le pueda escuchar y comience a reflejar el respeto que usted le está ofreciendo. Pruébelo. ¿Después de todo, acaso cada uno no está buscando un poquito de respeto?

ACUERDO DEL AMOR #6

Seré amable con mi cónyuge, desterrando
todo rasgo de dureza de mi comportamiento
y forma de hablar.

CAPÍTULO OCHO

Acuerdo del amor #6:
AMABILIDAD

James tuvo un día en realidad duro en el trabajo. El programa de la computadora en el cual había estado trabajando por semanas no estaba funcionando correctamente de nuevo. Hoy, el líder de su equipo y su jefe estaban compartiendo alguna de sus preocupaciones sobre las habilidades de James. Cansado de haber trabajado doce horas diarias durante varios días seguidos hasta alcanzar las cincuenta horas, se dirigió a su casa.

Hubo un accidente en la autopista que detuvo todo el tráfico y durante la próxima hora nadie se movió. Las bocinas sonaban, las personas estaban molestas las unas con las otras, y cuando el tráfico comenzó a desplazarse, lo hizo de manera lenta. Cuando llegó a su casa, James abrió la puerta con ansiedad para encontrar a Fran, que estaba en el cuarto mes de embarazo de su primer niño.

«Espero que no vayas a estar trabajando todas las horas del día y de la noche cuando nazca el bebé», soltó ella de golpe mientras se dirigía al refrigerador para tomar un plato que había preparado dos horas antes. James quedó mudo mientras caminaba junto a los libros sobre bebés que ella había estado leyendo durante el día. Necesitaba algo con desesperación, pero no podía decir con exactitud qué.

Charlotte, una madre que educaba a sus niños en casa, también tuvo un día difícil. Comenzó diez minutos después de que su esposo se marchó para una reunión importante en una ciudad a una hora de distancia. Timmi, su tercer hijo, estaba vomitando todo y tenía fiebre alta.

El desayuno ya se había servido y retirado, la escuela en casa había comenzado para sus otros tres niños y la tarea de calificación venía a continuación, el almuerzo llegó y se fue, y el día continuó con más tareas escolares. Charlotte estaba preparando la cena cuando su esposo Dan entró por la puerta: «!Vaya! Parece que aquí ocurrió un desastre, ¿qué hiciste durante todo el día?», dijo sonriente.

Charlotte no tenía sonrisa alguna que devolver. Se puso a la defensiva mientras ponía la mesa. Charlotte también necesitaba algo pero estaba demasiado abrumada como para comunicarle a Dan cualquier cosa que hubiera sido.

Es cierto, James y Charlotte necesitaban algo; ambos necesitaban un gesto de amabilidad. James requería de un beso y un abrazo de parte de su esposa, y que le dijeran: «¡Qué bueno verte, mi querido hombre trabajador!»

Charlotte solo necesitaba que Dan la viera en ese estado abrumador y que se lanzara a ayudarla. Para Charlotte la entrada triunfal de Dan hubiera sido algo como: «Qué bien, estoy en casa para ayudarte; parece como que necesitaras un poco de apoyo», y que le hubiera dado un beso, agarrado a los niños y después de abrazarles, les hubiera dado tareas para que también ayudaran a mamá.

La amabilidad es algo que su cónyuge necesita a diario. Puede ser que su cónyuge ni siquiera sepa que la necesita o cómo pedirla. Pero es muy obvio cuando la amabilidad se ha acabado.

La amabilidad es el aceite en una relación. Y permítame explicarle esto. Muchos hombres saben que las partes de un motor se mueven muy rápido. La mayoría de nosotros sentimos que nuestras vidas son así también. Trabajamos duro de continuo como choferes de los niños, como voluntarios en la iglesia, ayudantes de nuestros amigos y sirviendo en la casa.

El aceite es lo que mantiene al motor lubricado para reducir la fricción, el recalentamiento y la eventual traba del mismo. Así como el aceite en el motor, la amabilidad lubrica la relación de su matrimonio. Son los actos casuales e intencionales de amabilidad en un matrimonio los que alivian las fricciones de la vida. Es la ayuda, la sonrisa y las palabras amables las que hacen las responsabilidades de la vida más tolerables y llenas de significado. Es el «gracias por sacar la basura» lo que hace de llevar la basura a la calle por la mil trescientos veinte y nueve ocasión algo más significativo. El hecho de que alguien se interese lo suficiente para observar y decir *gracias* hace que la vida sea un poquito más fácil.

Ahora piense en esto por un momento. Cuando su cónyuge ha sido amable con usted, ¿cuál es su reacción inmediata? ¿No se siente más cálido y amigable hacia su cónyuge? ¿No se siente un poquito más cercano, afirmado y apreciado por su cónyuge que justo antes de que ocurrieran estos gestos de amabilidad?

Por supuesto que usted siente todas estas cosas y mucho más. Todos somos humanos y todos necesitamos la amabilidad, ya sea que lo sepamos o no. Los seres humanos podemos sentir la falta de amabilidad en una relación. Algunos la sienten en cuestión de pocos días. A otros les toma un tiempo más largo sentir la privación de la amabilidad.

Deténgase y piense en la última semana. ¿Cómo se siente su cónyuge con relación a los gestos de amabilidad que recibió de usted durante este período de tiempo? ¿Se siente su cónyuge saciada por los gestos de amabilidad recibidos de usted? ¿Diría que mostraron algo de amabilidad de su parte hacia su cónyuge, *pero no lo suficiente*? ¿O estará padeciendo hambruna?

La amabilidad es un fruto del Espíritu. Es un fruto que todos necesitamos comer. Hay algo especial en los nutrientes de este fruto que hace que la persona se sienta especial.

Deténgase por un momento y recuerde algunos actos de amabilidad que otras personas le han mostrado. ¿Cómo se sintió? ¿Se sintió amado, importante y especial? Comer del fruto de la amabilidad es muy dulce para el alma. ¿Recuerda el último acto de amabilidad que su cónyuge realizó por usted? ¿Se acuerda de cómo le hizo sentirse?

Usted tiene el poder de la amabilidad encerrado en su interior a través del Espíritu de Dios. Como cristiano, la amabilidad está dentro de usted y desea salir afuera. Recuerde que por medio de cualquier gesto amable que tenga hacia su cónyuge está sembrando la semilla de la amabilidad dentro del alma de su cónyuge. Y con el tiempo, las semillas que ha plantado crecerán.

¿En qué se convertirá esa semilla? Llegará a ser un árbol con el fruto de la amabilidad. Usted comerá de los frutos de su siembra. Puede que esté recogiendo muchas cosechas abundantes gracias a su siembra y cosecha continua. ¿O es usted lo suficiente honesto para admitir que probablemente segará una cosecha muy pequeña?

Cualquier día es bueno para sembrar amabilidad. Como en los otros acuerdos del amor, el acuerdo del amor de la amabilidad no depende de su cónyuge. Aun la voluntad más fuerte no es más poderosa que el poder de la semilla o del principio bíblico de sembrar y cosechar.

Yo vivo en Colorado, donde a menudo podemos observar un cuadro peculiar. A veces mientras estamos caminando o conduciendo vemos árboles gigantes que literalmente han crecido a través de las rocas y los riscos. Es sorprendente ver cómo el poder de una semilla puede llegar a ser mucho más grande que el poder de estas rocas.

TIPOS DE AMABILIDAD

Hay diferentes géneros de amabilidad que deberían ser parte de nuestro acuerdo del amor. *La amabilidad es un comportamiento crucial en los acuerdos del amor.* Es preocuparse por la pareja con gran gentileza y sin trazo alguno de dureza. La amabilidad se evidencia en una persona mansa que tiene fortaleza pero elige utilizarla de una manera suave hacia la gente que ama. La gentileza es una fuerza dirigida con el solo propósito de apoyar, animar o fortalecer a nuestros cónyuges.

A usted le fue entregada la fuerza para ser gentil, a fin de fortalecer el espíritu, el alma y la persona de su cónyuge. Cuando la amabilidad se añade a sus acuerdos del amor, usted llega a ser un habilitador de su cónyuge. Esta irá de fortaleza en fortaleza gracias a que usted está usando la amabilidad para animarlo a volar. David, uno de los grandes personajes bíblicos y un amigo de Dios, se refirió no al poder de Dios o a su sabiduría, sino más bien a su gentileza, como aquello que lo hacía grandioso (véase 2 Samuel 18:5; Salmo 18:35). Conforme seamos amables y gentiles en el espíritu, esto puede ayudar a que nuestro cónyuge llegue a ser grande.

Amabilidad hablada

Las primeras semillas de amabilidad que podemos sembrar dentro del corazón de nuestra pareja son las palabras amables. Comience respondiendo amablemente a su cónyuge. A menudo, como resultado de la vagancia o la familiaridad, empezamos a ser gruñones, sarcásticos o degradantes en nuestras respuestas a preguntas normales. Nuestras contestaciones parecen punzantes en vez de estar sazonadas con gracia.

Responder de forma amable es una herramienta poderosa. Responda como si cada pregunta que su cónyuge le hiciera fuera una pregunta inteligente. Conteste como si siempre tuviera tiempo para escuchar por completo y responder cualquier pregunta que su cónyuge haga. Inténtelo, responder de modo amable puede hacer que su cónyuge se pregunte qué es lo que ocurre.

Otra forma de amabilidad hablada queda expresada por el tono que utilizamos cuando hablamos. Es posible, técnicamente por lo menos, nunca decir una cosa errada, y sin embargo comunicar una actitud descomedida cuando hablamos. Recuerde, usted segará lo que siembre. Esta es una lección que todavía estoy aprendiendo porque, al igual que usted, no he alcanzado la meta tampoco. Puedo escoger el espíritu en el cual hablo a mi esposa. Esta es un área en la cual tengo que enfocarme a fin de tener una disposición amable cuando le comunico algo a mi preciosa Lisa.

Una tercera forma de comunicación amable es hablar palabras gentiles. Note las pequeñas y grandes cosas que su cónyuge hace por usted. Haga un comentario amable a su cónyuge delante de sus amigos e hijos. Siempre agradezcale cuando le sirva en alguna manera, diciendo: «Gracias, mi amor, por pasarme la mantequilla; eres muy amable», lo cual puede ponderar la amabilidad que su cónyuge le acaba de manifestar. Responder de esta manera es mejor que solo decir: «Gracias, amor». Ambas respuestas son adecuadas, pero el primer comentario le manifiesta a su cónyuge que usted en realidad ve sus actos de gentileza. Su cónyuge con el tiempo creerá lo que usted dice... que es amable.

Deseo que mi esposa Lisa crea que pienso que ella es amable. Si ella cree que es amable, se conducirá aun con mayor amabilidad. Sé que Lisa cree que es amable porque siembra de forma permanente la amabilidad en mi vida.

Puedo decirle que una respuesta amable me hace sentir respetado, incluso si mis ideas no han sido debidamente consideradas. Un gracias de parte de mi esposa me hace querer hacer más por ella. Un reconocimiento de mi amabilidad me hace sentir que me considera y me ama. La amabilidad hablada es muy poderosa con la gente, en especial cuando viene de su cónyuge.

No sé si se da cuenta de esto o no, pero después de Dios usted es la voz más alta y consistente que su cónyuge escuchará a través de su vida. Decida entonces qué clase de voz quiere que su cónyuge escuche. Puede elegir una voz amable que le apoya y alienta, o una no tan positiva. Puede elegir una voz silenciosa o una gruñona que desalienta, degrada y minimiza a su pareja de manera regular. Haga una elección correcta y déle a su cónyuge un baño de amabilidad.

Conforme usted elige efectuar el acuerdo del amor de la amabilidad, esto se manifestará en sus palabras habladas. Las palabras con las que responda, el espíritu en el cual son dichas, y el plantar de modo intencional la generosidad, pueden llegar a ser no solo un estilo de vida, sino también el sentir de su corazón.

Puedo decirle que estar junto a un corazón amable produce un sentimiento cálido. Conforme su corazón se vuelve amable, sus palabras también. Conforme sus palabras se vuelven amables, el corazón de su cónyuge —y el suyo— será impactado al punto de volverse más generoso.

Un toque de amabilidad

A veces a la amabilidad se le escucha más alto con un toque que con cualquier palabra que se diga. Tomar gentilmente la mano de su cónyuge puede expresar montañas de amabilidad. Una caricia gentil o una ligera palmada en la espalda pueden ser percibidas como una afirmación amable de su cónyuge. Un masaje en los pies o la espalda en privado puede en realidad enviar un mensaje de amabilidad hacia su cónyuge.

Permítame clarificarle que este toque es para el propósito expreso de comunicar amabilidad. No es uno motivado por la sexualidad o con alguna insinuación sexual. En ese caso el toque sería un preámbulo sexual. Pienso que todos conocemos la diferencia entre acariciar el pelo de su cónyuge y las caricias eróticas.

Cuando usted esté expresando amabilidad con el tacto, manténgase a distancia de sus áreas sexuales. Mantenga su corazón puro y evite que su motivación sea recibir algo. No tenga la actitud de «yo te rascaré la espalda y tú me rascarás la mía». Un toque de amabilidad está motivado puramente por *dar*, no por recibir.

No estoy diciendo de manera alguna que el tacto erótico o incluso uno motivado por algún ánimo de reciprocidad sea equivocado o pecaminoso. Ese tipo de toque es maravilloso y puede ser muy disfrutado. Pero en esta sección estamos hablando acerca del toque amable.

Sembrar este tipo de contacto desprendido, gentil, suave y apaciguador es un gran recurso para plantar amabilidad en el corazón de su cónyuge. Puede ser que alguna gente desvíe sus comentarios verbales de amabilidad. El tacto rara vez es rechazado.

Piense por un momento acerca de las cónyuges que usted conoce en la iglesia. Cuando un marido o una esposa está tocando o rascando la espalda de su pareja, ¿alguna vez ha visto que pegue un salto y se aleje o que rechace semejante caricia? Probablemente no. Con frecuencia he visto a las parejas unirse más a través de este tipo de toques de amabilidad.

Deténgase por un momento y piense en algún toque amable que haya recibido de su cónyuge. ¿Dónde estaba usted? ¿Cómo se sintió? Usted puede darle ese sentimiento a su cónyuge a voluntad porque posee el poder de la amabilidad. El poder de la amabilidad remueve momentáneamente de su vida al mundo entero y todas sus preocupaciones, permitiéndole beber el amor puro de su cónyuge.

Sembrar el toque de amabilidad es una diversión inmensa. Le animo a que plante esta semilla del toque amable de forma regular e intencional en su cónyuge. Recuerde que la amabilidad es una semilla que crecerá.

La amabilidad de «ser equipo»

Ser equipo es una expresión que he acuñado para definir la manera como un marido y su esposa operan en unidad con un espíritu de equipo. El matrimonio es un deporte de equipo. Usted y su cónyuge están en el mismo bando. Ustedes tendrán el éxito más grandioso si piensan y actúan como equipo.

Observar un campeonato de equipos en cualquier deporte

es absolutamente sorprendente. Los miembros del equipo piensan por adelantado para anticipar las acciones de cada uno. Ellos saben de las fortalezas y debilidades de cada jugador y capitalizan las fortalezas de cada miembro para el beneficio del equipo.

Un gran equipo posee lo que he denominado como *ser equipo*. Al igual que los famosos tres mosqueteros de antaño, el equipo vive con el lema: «Uno para todos y todos para uno». Ser equipo es tanto una actitud como un comportamiento.

La actitud de ser equipo es: «Todos ganamos juntos o perdemos juntos». En el equipo del matrimonio no es posible que un miembro gane y el otro pierda; ambos miembros del equipo —el equipo entero— gana o pierde. Se trata de un asunto en el que todos ganan o todos pierden.

El ser equipo como comportamiento es un verdadero acto de amabilidad. He aquí la forma como el hecho de ser equipo opera en el matrimonio. Cuando usted ve la ropa que tiene que lavarse, realiza el lavado porque es parte del equipo. Si ve una situación que tiene que ser tratada con relación a uno de sus hijos, la maneja sin endosarla a su cónyuge. Usted conoce el horario de su cónyuge y lo cubre sin ninguna mala actitud.

Ser equipo significa amabilidad. Es una manera de decir: «Veo tu necesidad y me anticipo a la misma, estoy aquí para ti». La amabilidad que se expresa a través de ser equipo es grandiosa.

Pocas cosas expresan mejor la amabilidad como cuando usted se da cuenta de que se le olvidó el uniforme de sus niños para sus actividades, y aun antes de que pueda contactar a su cónyuge para pedirle auxilio, él o ella le llama para decirle: «Tengo el uniforme y lo estoy poniendo en tu carro para que no tengas que regresar hasta la casa… hasta luego, mi amor».

Esta clase de amabilidad resulta muy oportuna.

De la misma manera, su cónyuge —el otro miembro del equipo— está tan al tanto de su mundo que anticipa la necesidad incluso antes de que usted lo haga. De esta manera su cónyuge le pasa la pelota, por así decirlo, y los dos aumentan el marcador. ¡Entonces todo el equipo gana!

Dedique un momento para ver si puede recordar cuándo su cónyuge ha puesto de manifiesto el hecho de ser equipo con amabilidad. Imagino que usted se sintió a salvo, parte de un equipo y exitoso a través del apoyo de su cónyuge. Eso es ser equipo, y usted puede utilizar este poder de amabilidad con su cónyuge.

Amabilidad intencional

La amabilidad es algo que usted puede efectuar intencionalmente. Mucho de lo que hacemos en la vida puede ser realizado de modo intencional. Imagínese que su cónyuge se despertó esta mañana y oró: «Señor, ayúdame a ser amable con mi cónyuge, dame visión para ver tu oportunidad de sembrar amabilidad hoy. Deseo que mi cónyuge pruebe tu fruto de la amabilidad hoy a través de mí».

Luego, a lo largo del día, su cónyuge le trae su bebida favorita, le toma de la mano, le responde con amabilidad y más suave de lo acostumbrado, le muestra que en realidad se interesa por lo que usted dice y hace. Le ofrece llevar a los niños a sus actividades y le alienta a que usted solo se relaje. Antes de que salga con los niños, los platos y la cocina quedan limpios, de manera que no hay tareas pendientes en el hogar. ¿Puede imaginarse un día como ese?

Puede parecerle a usted como si estuviera casado con

Jesús. ¡Qué vida! Esa es la clase de amabilidad que usted intencionalmente puede darle a su cónyuge cada día. Por ejemplo, hay un gesto de amabilidad intencional que con regularidad aconsejo que brinden a sus esposas los maridos a los que asesoro. Le sugiero lo mismo a usted. Su esposa necesita un tiempo regular para relajarse o divertirse, un momento en el que no necesita ser mamá, o esposa, o cocinera, o la fuerza de limpieza, o la líder de los rituales de la hora de dormir. Usted puede hacer posible que ella esté lejos de casa por lo menos una noche a la semana, teniendo un tiempo solo para ella, de la forma que escoja pasarlo. Este es un acto intencional de amabilidad que su esposa apreciará inmensamente.

Si usted es mujer, también puede planear un gesto intencional de amabilidad para su marido, uno basado en los intereses de él.

Algunas esposas están dotadas en extremo en el área de la cocina. Cuando cocinan sus presentaciones son excepcionales, las fragancias son atrayentes, las texturas y temperaturas son variadas y las salsas exquisitas. Tal vez esto la describa a usted. Pero en los estilos de vida tan ocupados de hoy, quizá no utilice ese don muy a menudo, conformándose en vez de esto con otras comidas de fácil preparación. Un acto intencional de amabilidad podría ser el establecer un tiempo específico para preparar una comida gourmet para su familia. Tal vez usted puede seleccionar un día a la semana para la preparación de todo un acontecimiento. De esta forma usted está tomando una decisión para expresar amabilidad intencional a través de su don de cocinar.

Le animo a planificar estos actos de amabilidad intencional. Dedique un instante para pensar por lo menos en cinco maneras en que puede ser intencionalmente amable. Puede enumerarlas aquí:

1. _____

2. _____

3. _____

4. _____

5. _____

Como ve, la amabilidad está en usted. La amabilidad intencional significa planificar de forma activa para que esta gentileza se evidencie de manera regular. Ser intencional no solo es aceptable sino también muy apreciado. Si soy intencional en mi amabilidad hacia Lisa, estoy eligiendo nutrirla con amabilidad. Cuando planifico para que ella pueda tener una noche de salida o realizo una tarea en su lugar, estoy practicando una conducta de equipo hacia ella.

Amabilidad espontánea

Necesitamos también reconocer la importancia de la amabilidad espontánea. A todos les gusta una comida planificada, pero una de sorpresa también es apreciada.

No se vuelva tan mecánico en su planificación de la amabilidad al punto de que falle en capitalizar esas grandes oportunidades diarias que aparecen en el camino. Si estoy buscando oportunidades para ser amable con Lisa, no pasará un solo día sin que haya una posibilidad de expresar amabilidad de forma espontánea. Siempre se puede hacer algo. Por cierto, hace poco nuestros dos hijos estaban participando en una producción gigantesca de Semana Santa en la iglesia denominada «La espina». Esta producción tenía un reparto de quinientos miembros. Un día en particular, en el ensayo, Hadassah no se sentía bien. Sin embargo, todavía necesitaba completar un proyecto de la escuela después del ensayo. Así que vi la oportunidad para ser espontáneamente amable. Hadassah y yo nos salimos del ensayo y fuimos a casa, donde ella pudo terminar su proyecto. La acosté en su cama más temprano de lo que lo hubiera hecho si se quedaba en el ensayo.

Lisa es por lo general amable conmigo. Cuando llego a casa en un día caluroso me gusta pasar primero unos quince minutos en la hamaca de nuestro patio trasero. La manera como mi alma y mi cuerpo se relajan y refrescan es mágica. Lisa protege de modo habitual este momento de forma que no sea interrumpido. Este es un acto amable espontáneo que proviene del árbol de amabilidad que Lisa tiene para que yo saboree.

Mi compromiso con la amabilidad

El primer paso al realizar el acuerdo del amor de la amabilidad es el mismo que en todos los otros acuerdos del amor... romper acuerdos previos. Limpie el terreno para colocar un gran cimiento para su nuevo acuerdo mediante esta oración:

Jesús, te pido que perdones todos los actos, actitudes o creencias que han resultado descomedidos para mi cónyuge. Confieso que la descortesía es un pecado contra ti y mi cónyuge. Por favor, perdóname. Rompo en el nombre de Jesús cualquier convenio de espíritu, alma o cuerpo con la descortesía. Gracias, Jesús, por escuchar mi oración, en tu nombre.

Ahora usted está listo para dar el siguiente paso en su acuerdo del amor de la amabilidad, declarando de forma oficial su acuerdo.

$\mathcal{A}$CUERDO DEL $\mathcal{A}$MOR # 6

SERÉ AMABLE CON MI CÓNYUGE, DESTERRANDO TODO RASGO DE DUREZA DE MI COMPORTAMIENTO Y FORMA DE HABLAR.

Ore lo siguiente en voz alta:

En el nombre de Jesús, estoy efectuando el acuerdo del amor de la amabilidad hacia mi cónyuge. Ordeno a toda mi mente, voluntad y emociones que creen nuevas creencias, actitudes y comportamientos para llevar a cabo este acuerdo del amor. Ordeno que vea y responda de manera intencional o espontánea a las oportunidades de ser amable, en el nombre de Jesús.

METAS PARA SER AMABLES

Como en todos los acuerdos del amor previos, deseo que usted sea tan exitoso como sea posible. Así que establezca metas en el área de ser amable con su cónyuge.

Subraye cada una de las metas siguientes que se compromete a mantener, y para cada meta que subraye, llene el espacio indicado con la conducta específica que usted utilizará para alcanzar esa meta:

ESTABLEZCA SUS METAS

• Evaluaré a diario el nivel de amabilidad con el que respondo a mi cónyuge.

_____

• Practicaré con regularidad dos o tres clases de respuestas.

_____

• A diario le diré a mi cónyuge de uno o más actos de amabilidad que he notado que realiza por mí.

_____

• Llevaré cuenta de la frecuencia con la cual realizo gestos espontáneos de amabilidad hacia mi cónyuge.

_____

• Planificaré tocar a mi cónyuge de una manera generosa a diario.

_____

• Mediré mis toques amables durante un mes.

_____

• Haré una lista de las formas en las cuales puedo expresar una mejor conducta de equipo hacia mi cónyuge.

_____

NO SE OLVIDE DE MEDIR

Ahora que ha establecido algunas metas para ser amable, diseñe alguna forma de medición para llevar la cuenta de su progreso. Su forma de medir puede ser tan simple como pegar un pedazo de papel con sus metas escritas en el espejo. Registre su progreso con regularidad, de manera que lleve una cuenta honesta de sus esfuerzos. Conserve este papel en un lugar a su alcance para que lo pueda revisar a diario o con regularidad.

Además, manténgase en contacto con su compañero de rendición de cuentas con frecuencia. Pase revista a su progreso o a su falta del mismo. Oren, ríanse y anímense conforme dirige su vida para mejorar su matrimonio.

La amabilidad es un gran acuerdo del amor para que cada uno de nosotros haga. Conforme usted libera el poder de la amabilidad, verá rostros fruncidos cambiados en sonrisas, gruñidos cambiados en *gracias* y muchos otros milagros. Recuerde que el cambio no ocurrirá en un día, pero una cosecha está garantizada para aquellos que planten una variedad de semillas de amabilidad.

Acuerdo del Amor #7

Apreciaré los dones y atributos
de mi cónyuge y los celebraré de manera
particular y pública.

CAPÍTULO NUEVE

Acuerdo del amor #7:

CELEBRACIÓN

Una de las características de Dios que yo más amo es la celebración. Nuestro Dios es alguien que *celebra*. Él pudo haber hecho todo el mundo de un solo color, pero no, él celebra su creación con una profusión de gamas de color. Todo lo que usted tiene que hacer es conducir a lo largo del estado de Nueva York en el otoño para mirar el esplendor de color.

Dios pudo haber hecho solo al ser humano, pero en su lugar celebró la vida, creando toda clase de animales, pájaros, insectos y nuestros amigos nadadores. Mire nuestras fabulosas comidas y toda la increíble celebración de abundancia que es parte del corazón mismo de Dios.

Dios ama festejar. Él comenzó su ministerio asistiendo a una fiesta de bodas. Y recuerde que todos nosotros los que hemos sido salvados por la sangre de Jesús estamos invitados también a una fiesta de bodas. ¡No me puedo imaginar qué es lo que el Dios de toda la creación hará para organizar una fiesta, y no puedo esperar para verlo!

Celebrar es la naturaleza de Dios. Esto lo podemos entender mejor mirando algunas de las escenas del Nuevo Testamento en las que podemos ver a Dios el Padre y a Jesús su Hijo en la misma fotografía.

En Mateo 3 vemos a Jesús siendo bautizado por su primo Juan el Bautista. Además de Juan y Jesús hubo un número de espectadores en este acontecimiento especial. Un testigo muy exclusivo del bautismo de Jesús era Dios el Padre. Estoy seguro de que fue un momento muy emocionante para el Padre conforme observaba que el Hijo se iniciaba en su destino en el tiempo y el espacio.

Dios estaba tan entusiasmado que saltó justo al tiempo y espacio con Jesús y todos los otros espectadores. Mire lo que Dios el Padre dijo en esa ocasión: «Este es mi Hijo amado; estoy muy complacido con él» (Mateo 3:17). En nuestro idioma vernáculo, hubiera sonado algo como: «Miren a mi muchacho, estoy muy orgulloso de él».

Encuentro interesante que Dios no haya mantenido este momento en privado únicamente para Juan, Jesús y él mismo. No, Dios celebró… justo allí, delante de todo el mundo.

El bautismo de Jesús no es el único ejemplo de Dios el Padre celebrando a su Hijo. En el momento de la transfiguración de Jesús en la cima de la montaña, Dios el Padre lo celebró delante de algunos de los discípulos (véase Mateo 17:1-13). Una vez más él reafirmó a Jesús en público. En esta ocasión dijo lo mismo, pero añadió una instrucción para los discípulos que observaban esta celebración: «¡Escúchenlo!» (v. 5).

¡Dios sí celebra! Así es él. Y Dios ha estado celebrándole a usted su vida entera. Él le mira cuando está durmiendo, y observa sus éxitos y sus curvas de aprendizaje con festividad.

Si usted es padre, es probable que pueda identificarse con el espíritu de celebración de Dios. Recuerde cuando su pequeño estaba aprendiendo a dibujar o a pintar. Sin duda usted no sabía a ciencia cierta qué era lo que había dibujado o pintado. Sin embargo, inclinándose sobre su niño exclamaba: «Eso es maravilloso en realidad, creo que es la mejor pintura que he visto en mi vida». Luego celebraba el dibujo con orgullo poniéndolo en el «altar» de la familia llamado refrigerador.

Exactamente del mismo modo, Dios responde a sus ideas más brillantes e incluso a aquellas que no lo son tanto. Él le ama y está muy comprometido en celebrarle.

Si usted creció sin recibir mucha celebración, la idea de que Dios lo festeje puede resultarle no tan familiar. Es importante que conozca que sin tomar en cuenta quién sea usted o cómo creció, Dios es un celebrador y le festeja en todo momento.

Y usted no es el único a quien él celebra. Él nos celebra a todos. Esto incluye la manera en que celebra a su cónyuge. Su cónyuge es la niña de sus ojos. Él escucha su aliento mientras duerme y sonríe en la medida en que él o ella avanza a través del día. Y le comunica su celebración a su cónyuge constantemente.

Es por eso que el acuerdo del amor de la celebración es tan importante. Cuando usted celebra a su pareja está de acuerdo con Dios. Usted manifiesta su semejanza a Cristo cuando se pone a cantar la misma canción de celebración que Dios canta con relación a su cónyuge.

¿Qué hay que celebrar?

Si ha estado casado por algún tiempo, la canción que solía cantar sobre su cónyuge puede que se haya vuelto aburrida, distante y posiblemente poco frecuente. Deténgase por un momento a recordar los días cuando recién había conocido a su cónyuge. Recuerde esos días maravillosos de celebración y placer.

Entonces no necesitaba un sermón, un libro de autoayuda o un encuentro para animarlo a que celebrara a su cónyuge.

Usted le contó a casi todos la buena noticia sobre esta maravillosa nueva persona que había encontrado para celebrar juntos la vida. Piense en la primera vez que le dijo a su familia y amigos lo inteligente, atractiva, espiritual o chistosa que era esta persona.

¡Esa persona era el pan de vida para usted! Él o ella era la probable solución para su soltería… aquella por la que había estado esperando. Dedique un instante a rememorar ese viejo sentimiento. Cierre sus ojos y recuerde la canción de celebración que una vez ya tuvo por su cónyuge.

Ahora los años han pasado y ambos han madurado y cambiado. Pero siempre resulta bueno recordar dónde comenzó la canción. Nunca olvidaré el primer día en que finalmente conocí a Lisa. Íbamos a la misma iglesia y nos mirábamos el uno al otro, pero parecía como si nunca hubiera una manera apropiada de ser presentados. Ella era hermosa y definitivamente quería llegar a conocerla.

Luego el día destinado llegó. Estaba tomando un receso en mi trabajo a la hora del almuerzo y caminé hacia una librería cristiana para mirar. Allí estaba ella parada. Me presenté y la invité a una pizzería cercana… fue allí que comenzó mi canción.

Ella era madura, inteligente, tenía un legado espiritual grandioso. Era temerosa de Dios… y por cierto… *también hermosa*. Tenía unos grandes ojos verdes, era atlética y muy responsable. Canté mis alabanzas a mi compañero de cuarto, a mis amigos y a la familia.

Hasta este día, Lisa es digna de celebración. La celebro delante de nuestros hijos, delante de su familia, delante de la mía. La celebro entre nuestros amigos y ante audiencias cautivas en conferencias y a través de la televisión. La celebro en este libro para usted.

No solo celebro a Lisa, sino también sé sin dudas que Dios celebra a mi esposa. Yo solo quiero celebrar con él la persona que Lisa representa. Tenemos días de tensión llenos de agendas ocupadas y cambios, pero ella sabe que es celebrada.

Haga una pausa un momento. ¿Se siente su esposa celebrada? ¿Podría ella decir: «Mi cónyuge me celebra mucho»?

No sea tentando a caer en la pequeñez de decir: «¿Y qué hay de mí? mi cónyuge no me celebra». En vez de eso, sea el que ameniza la fiesta para celebrar a su cónyuge. Elija sembrar la celebración en la vida de su cónyuge. ¡A todos les encanta una fiesta! Una vez que comience el acuerdo del amor de la celebración, la atmósfera de su relación tendrá un cambio… y ese cambio se realizará en usted. Cambiará y comenzará a restaurar, a mantener o a aumentar la celebración de su esposa.

Puede ser que alguna de esas grandes características de su cónyuge de las que usted se jactaba antes del matrimonio haya comenzado a parecer como una debilidad. Antes del matrimonio usted puede haber pensado que su esposa era ahorrativa, pero ahora la califica como *tacaña*. En alguna ocasión pensó que su esposa era muy *inteligente*, pero ahora piensa que es una *sabelotodo*. Estoy seguro de que la lista de las debilidades que ve de su cónyuge podría ser larga.

Piense con honestidad sobre esto: *¿Su cónyuge ha cambiado tanto o ha cambiado la manera en que usted piensa de él o ella?* En muchas parejas *es la forma en que nosotros pensamos con respecto a nuestro cónyuge* lo que ha cambiado, más que los cambios de nuestra pareja en sí. Pasamos de un espíritu de celebración a uno de criticar a nuestro cónyuge.

Recuerde que criticar a otro creyente en Cristo probablemente le ubique en el lado contrario a Dios. Él no es un crítico de su esposa, sino un celebrador. A mí me gusta estar siempre en el mismo equipo de Dios. Si continúo celebrando a Lisa, sin importar su disposición o sus acciones, estoy de acuerdo con Dios.

¿CÓMO CELEBRO A MI ESPOSA?

Consideremos algunas maneras en las que usted puede celebrar a su esposa.

Ante el Padre

Una de las maneras más grandes de celebrar a su esposa es en la presencia de su Creador. Pase tiempo de manera regular solo alabando a Dios por su cónyuge.

Festeje el hecho de que Dios le haya dado a su cónyuge. Usted puede alabarle por cuán bendecido y diferente es debido a que su cónyuge está presente en su vida. Alabe a Dios por su forma atractiva de ser, por su sexualidad, personalidad, humor, amistad y cualquier otro atributo que quiera ponderar ante el Padre.

Recuerde que Dios no es solo su Padre, también es su Suegro. No sé como será con usted, pero si comienzo a jactarme de mi esposa delante de su padre terrenal, él sonríe. Un día estaba conversando con mi suegro Harold sobre Lisa y él me hizo un comentario que ha estado latente en mí durante los últimos diecinueve años de nuestro matrimonio. Me sonrió y dijo: «Hice todo esto para ti». Hasta que tuve mis propios hijos no me di cuenta de la importancia de sus palabras. Los padres atraviesan por años de tareas, juegos, vacaciones, enfermedades, actividades de la escuela y más, para luego entregar a sus preciosos hijos a otra persona a la que apenas conocen.

Sé que a un suegro humano le gusta oír cosas buenas con respecto a sus hijos, y lo mismo también ocurre con su Suegro celestial. A él le encanta oírle alabar a su cónyuge. Inténtelo alguna vez. En realidad, inténtelo ahora mismo.

Haga a un lado este libro y por los siguientes dos o tres minutos a solas con Dios agradézcale por su cónyuge. Celebre a su cónyuge delante del Dios vivo. Y vea lo que ocurre.

Si se detiene y alaba a Dios, le apuesto a que puede sentir su sonrisa. Yo siempre siento su sonrisa cuando le alabo por Lisa.

Ante el enemigo

Sé que tengo su atención. ¿Qué es lo que puedo dar a entender cuando hablo de celebrar a su esposa delante del enemigo? Cuando digo el enemigo me refiero al diablo y cualquiera de sus demonios que quisieran resaltar las debilidades de su cónyuge.

Ellos comienzan sugiriendo una forma de pensar negativa con respecto a su cónyuge. Usted conoce el mantra: «Tu esposa es egoísta, insensible a tus necesidades, vaga, arrogante, determinada y rebelde». La lista parece que nunca para. El objetivo del enemigo es utilizar su relación con su cónyuge para causarle dolor, o que le critique o que le abandone emocionalmente. El enemigo sabe que su cónyuge es la persona más cercana a su corazón. Si él puede lograr que compre sus mentiras y críticas, su obra está hecha; su creatividad y recursos toman control y usted comienza a degradar y a disminuir a su cónyuge por sí mismo.

De acuerdo con la Biblia, el diablo es el acusador o criticón de aquellos que son salvos (véase Apocalipsis 12:10-11). Nunca olvide que el enemigo odia a su cónyuge santo y al otro padre (o madre) de sus hijos porque ustedes están levantando juntos una semilla santa para las futuras batallas del reino.

He aprendido que la mejor manera de tratar con las mentiras del enemigo con respecto a mi cónyuge es celebrándola de manera continua. Puedo recordar la primera vez que experimenté el poder del acuerdo del amor de la celebración.

Consciente de las tácticas enemigas, hice una lista de las cinco cosas que en realidad me encantaban de Lisa. En cada ocasión en que el enemigo comenzó a acusar a mi esposa delante mis ojos, confesaba estos cinco motivos de celebración relacionados con ella en voz alta. Y continuaba mi festejo oral hasta que estaba tan agradecido y mucho más enamorado de Lisa que antes del ataque del enemigo.

Estoy seguro de que a través de aquellos días llegaba a casa agradecido de una manera muy particular por ver a Lisa, y ella no entendía por qué. Mi esposa desconocía por completo la batalla que había ocurrido. No era consciente de que había ganado la pelea. Puesto que logré la victoria, mi premio consistió en el hecho que pude mantener una perspectiva pura, positiva y santa con respecto a Lisa.

De la misma manera que con todos los otros acuerdos del amor, hay un gran poder en el acuerdo del amor de celebrar a su esposa. Usted puede utilizar este poder para pelear *por* su cónyuge, en vez de *contra* ella, y de esta forma en verdad será un ganador en el matrimonio.

Ante otros

La celebración en la presencia de otros es poderosa. Festeje a su cónyuge delante de todos. Su cónyuge es maravillosa; esta es la razón de por qué alguien tan inteligente como usted se casó con ella. Dígales a sus hijos de manera privada y en público que le gusta su pareja, que la ama, la aprecia y depende de ella. Permita que su cónyuge y sus hijos conozcan que usted se beneficia inmensamente de que su pareja esté viva y casada con usted.

Dígales a sus padres, a los de su pareja, a los amigos y vecinos acerca de la bondad y el valor de su cónyuge. Haga esto cuando usted esté a solas con estas personas. Haga que los otros piensen que usted es bendecido porque está casado con su cónyuge.

Deje a un lado esa vieja canción que usted solía cantar con respecto a su cónyuge. Cante los valores de su cónyuge con orgullo y en voz alta. Él o ella merece ser celebrado. Usted es el presidente del club de fanáticos de su cónyuge, así que deje que otros sepan de esta celebración permanente de su cónyuge.

Ante su cónyuge

Alguna vez escuchó la historia de un padre que contaba a todos cuán maravilloso era su hijo, pero nunca se lo dijo a él. El niño nunca oyó la celebración de su padre acerca de él. Aunque es triste decirlo, algunos de nosotros somos buenos alabando a nuestro cónyuge delante de otros pero no tan buenos celebrándole directamente a él o ella. Festejar a su cónyuge de modo directo es un aspecto muy importante de la celebración.

Hay muchas maneras diferentes de celebrar a su cónyuge. Una manera muy sencilla de comenzar es celebrándolo con regalos. Pueden ser regalos muy simples y económicos. No siempre tiene que gastar cientos de dólares para festejar a su cónyuge.

Puede celebrarle de forma consistente con pequeños regalos para demostrarle su amor y aprecio. A veces una tarjeta escrita a mano es el mejor modo de celebrar a su cónyuge. Sorpréndale con su café, té, jugo o bebida favorita. Lleve a su cónyuge a su restaurante favorito para un largo almuerzo.

Si a su cónyuge le gustan los masajes, compre un bono de regalo para uno. Si los deportes son su pasatiempo preferido, consiga unos boletos para el próximo evento deportivo de su equipo favorito. Estos son solo unos pocos ejemplos de maneras en que usted puede celebrar a su cónyuge con regalos.

Otra manera de enviar un claro mensaje de celebración es con el tiempo. Ahora, no quiero decir ponerse a ver juntos la televisión o estar en el mismo cuarto. Quiero decir pasar juntos un tiempo de calidad haciendo algo que a su cónyuge le encanta hacer.

Lisa y yo tenemos unos amigos, Bill y Patti, que son los padrinos de nuestros hijos. A Patti le encantan los osos de peluche. Ella los colecciona, los hace y conoce los nombres de los mejores fabricantes de osos y sus productos. Todos los años hay un festival de ositos de peluche, y una de las maneras en que Bill festeja a Patti es yendo a ese festival con ella.

Pasar el tiempo junto a su cónyuge realizando las actividades que a él o a ella le gustan envía un mensaje claro de que usted en realidad celebra este aspecto de ella. Si a su cónyuge le gusta esquiar, incluso si usted no es un gran esquiador puede ir, tomar chocolate caliente y escuchar historias de este deporte como una forma de celebrar la forma en que Dios hizo a su cónyuge.

Otra manera importante de celebrar a su cónyuge es a través de las palabras habladas. Sería difícil sobrestimar el poder de sus palabras. Como un modo de preparación para celebrar a su cónyuge con sus palabras, haga una lista de varias cosas que le gusta de su cónyuge en las líneas a continuación:

LO QUE ME GUSTA DE MI CÓNYUGUE

1. _____

2. _____

3. _____

4. _____

5. _____

6. _____

7. _____

8. _____

9. _____

10. _____

Muchas de las cosas de esta lista serán algunas de las que usted puede utilizar para festejar a través de sus palabras a su cónyuge. Encuentre una manera de expresarle cada punto de la lista a su cónyuge. Por ejemplo, si usted anotó que le gusta la ética de trabajo de su cónyuge, podría decir: «Sabes, hoy estaba pensando en ti y me di cuenta de cuán hacendosa eres, en realidad te gusta lograr cosas, y a mí me encanta eso de ti».

¿No le encantaría ser celebrado con esas palabras? ¿No sería maravilloso? Comience el festejo y celebre a su esposa verbalmente. Para cada cosa que usted puso en la lista, escriba ahora la oración correspondiente de celebración con la que puede expresarse.

1. _____

_____

2. _____

_____

3. _____

_____

4. _____

_____

5. _____

_____

6. _____

_____

7. _____

_____

8. _____

_____

9. _____

_____

10. _____

_____

Ante usted mismo

Sí, esto es correcto; un pajarillo me dijo que usted sabe hablar solo. Bueno, tal cosa no es así exactamente, pero yo hablo conmigo mismo y la mayoría de la gente que conozco también tienen un poquito de dialogo de este tipo. Sabe, se trata de esos pequeños pensamientos que usted tiene con respecto a otros pero que no les dice.

Aquí es donde la celebración puede volverse muy importante. Esta es una manera muy buena para mantener activa la celebración de su esposa. Deténgase un momento y evalúe alguna de las maneras en las que Dios ha hecho a su cónyuge *mejor* que usted. De la misma manera en que hay algunas fortalezas que usted tiene y su cónyuge no, así también ella tendrá fortalezas que usted no posee.

Por ejemplo, Lisa es innatamente mejor para discernir al instante las necesidades médicas de los niños. Ella es mucho mejor por lo general para los detalles que yo soy. Los detalles resultan frustrantes para mí, de modo que celebro su fortaleza en esta área específica.

Piense un momento en las maneras en que Dios ha hecho a su cónyuge mejor que usted. Haga una lista de estas fortalezas en las líneas a continuación:

MI CÓNYUGE ES MEJOR QUE YO

1. _____

2. _____

3. _____

4. _____

5. _____

6. _____

7. _____

8. _____

9. _____

10. _____

Si no puede pensar en una lista de fortalezas, es posible que necesite hacer de la celebración a su esposa la prioridad de su vida. Cuando usted tiene un resfrío, es difícil saborear la comida u olfatear las fragancias deleitosas, pero eso no significa que haya algo que está mal con la comida o las flores. Así que intente con fuerza, rebusque hondo y llene diez maneras en las cuales su cónyuge es mejor que usted.

El hecho de que su cónyuge sea mejor en áreas específicas no significa que usted no posea también fortalezas maravillosas. Esto solo le ayuda a enfocarse en su cónyuge y las cualidades maravillosas que ella tiene.

He descubierto que es útil mantener una lista donde uno pueda ver estas fortalezas por escrito hasta que se arraiguen en el corazón. Cuando usted puede ver las fortalezas de su cónyuge, resulta mucho más fácil celebrarla ante usted, Dios, los otros y aun ante el enemigo.

Ahora usted está armado con el poder de la celebración. Puede hacer el acuerdo del amor de la celebración, el cual es capaz de cambiar la atmósfera y las dinámicas de su matrimonio. Está armado con el poder de alguien que celebra, así que hagamos este acuerdo oficial, ¿procedemos?

MI COMPROMISO CON LA CELEBRACIÓN

Recuerde siempre comenzar rompiendo cualquier acuerdo contrario. Ore esta plegaria en voz alta:

Jesús, te pido tu perdón por cualquier actitud, creencia o comportamiento que sean contrarios a celebrar a mi cónyuge. Estas actitudes, creencias y conductas son pecados y me arrepiento de ellas. Te doy gracias por el perdón de estos pecados, en el nombre de Jesús.

Ahora puedes proceder a hacer oficial tu acuerdo del amor para celebrar.

ACUERDO DEL AMOR #7

APRECIARÉ LOS DONES Y ATRIBUTOS
DE MI CÓNYUGE Y LOS CELEBRARÉ
DE MANERA PARTICULAR Y PÚBLICA.

Prosiga y lea la siguiente oración en voz alta:

Jesús, vengo ante ti y hago mi acuerdo del amor para celebrar a mi cónyuge. Acuerdo celebrar a mi cónyuge como tú, su creador, la celebras. Ordeno a mi mente, voluntad y emociones que creen nuevas creencias, actitudes y comportamientos que causen que pueda celebrar a la persona maravillosa que mi cónyuge es según tu imagen. Te agradezco, Jesús, por darme a mi cónyuge para celebrarla a lo largo del resto de mi vida.

ESTABLEZCA SUS METAS

Como en cualquier acuerdo del amor, la declaración es apenas un paso en el proceso. Establezca sus metas para celebrar a su cónyuge. Recuerde, usted la va a celebrar por el resto de su vida.

Subraye cada una de las metas siguientes que se compromete a mantener, y para cada meta que subraye, llene el espacio indicado con la conducta específica que usted utilizará para alcanzar esa meta:

• Estableceré una vez por semana un tiempo para orar agradeciéndole a Dios por mi cónyuge.

_____

• Alabaré de forma intencional a mi esposa frente a nuestros niños.

_____

• Alabaré de forma intencional a mi esposa frente a nuestros familiares.

_____

• Alabaré de forma intencional a mi esposa frente a nuestros amigos.

_____

- Alabaré de forma intencional a mi esposa frente al enemigo.

- Memorizaré la lista de las cosas en las que mi cónyuge es mejor que yo que preparé antes en este capítulo.

- Anotaré cuántas veces he celebrado verbalmente a mi cónyuge cada día.

- También registraré el número de críticas que le hago a diario a mi cónyuge.

- Planificaré algo que mi cónyuge disfrute para celebrarle.

- Le daré regalos a mi cónyuge con toda intención como un acto de celebración.

No olvide medir su progreso

Es magnífico que usted tenga algunas metas sobre las cuales basar su acuerdo del amor de la celebración. Estas metas pueden ayudarle a pasar de la teoría a la práctica. Recuerde que la única teología que usted cree es la teología que vive.

Así que de nuevo es tiempo de pegar notas. Escriba sus metas específicas de conducta para incrementar en su vida la celebración de su cónyuge. Mantenga la documentación de su progreso disponible en todo momento.

Involucre a su compañero de rendición de cuentas. Revise

los resultados con regularidad. Sí, esto representará un trabajo, pero hay una cosecha para usted si no se rinde.

Si ha aceptado a Cristo como su Salvador, ya tiene el don y la naturaleza de la celebración dentro de usted. El Espíritu de Dios, que reside en su interior, es el espíritu de la celebración. Este espíritu ama la celebración, obtiene placer de ella y la anticipa. Permita que este gran espíritu en usted le escuche gritar celebrando a su cónyuge. (Si no ha aceptado a Jesucristo como su Salvador, deténgase y pídale a Jesús que le perdone por sus pecados y que venga y viva en su interior a fin de que pueda tener su espíritu de celebración viviendo en usted. Esta es la mejor decisión que puede hacer en su vida.)

Únase a la canción de celebración que ya está siendo cantada a su cónyuge. Dios el Padre, los ángeles, los testigos en el cielo, todos están celebrando la simiente santa que su cónyuge es. No deje que el cielo se lleve toda la diversión… ¡forme parte de la celebración! ¡Manténgase extasiado con relación a su cónyuge!

Comprometerse a los acuerdos del amor de la fidelidad, la paciencia, el perdón, el servicio, el respeto, la amabilidad y la celebración constituye su estrategia práctica para ganar la guerra del amor.

CAPÍTULO DIEZ

LA GUERRA DEL AMOR

T al vez usted ha estado casado por algún tiempo. Incluso podría decir que su experiencia matrimonial ha sido un lecho de rosas tranquilo, apacible, sin contratiempos ni confrontaciones. Bueno, ese no es exactamente el caso para todos nosotros, y esa es la belleza de las relaciones.

Dios supo que la mayoría experimentaríamos turbulencias, trastornos o conflictos en nuestra relación con otros y con nuestro cónyuge. Estos son los elementos constitutivos que nos permiten oportunidades de crecimiento. Pueden ser ocasiones para evaluar su corazón y, Dios mediante, para madurarlo más a la imagen de Cristo. Por desgracia, alguna gente no utiliza estas oportunidades y relaciones de desafío en la vida para madurar sino, por el contrario, para endurecer sus corazones.

El dolor viene con la vida y las relaciones. El mismo es una parte integral del proceso de llegar a ser como Cristo. Muchas personas, incluyendo los cristianos, tienen una extraña noción de que la vida cristiana significa no tener dolor. Desde mi perspectiva como consejero, le puedo decir que las personas menos saludables emocionalmente eran aquellas que intentaban evitar el dolor.

Por cualquier razón, estas personas poco saludables están intentando escapar del dolor de su pasado o del dolor presente, y temen que el sufrimiento se apropie también del futuro. Esa no es la realidad. La realidad es reconocer el hecho de que usted ha sido herido en el pasado y que es probable que tenga un dolor de alguna clase en el presente o el futuro.

La gente sana acepta el dolor como parte de la vida. Ellos saben que el tema no es *si* sino *cuando* el dolor llega a nuestras vidas. Ahora, no sugiero que usted busque el sufrimiento o desarrolle una actitud de que su vida «es una pena». Pero sería prudente reconocer la presencia del dolor en su vida... ya sea pasada, presente y futura.

Piense por un momento en las variadas relaciones en las que usted ha estado involucrado, incluyendo la de padre-hijo, esposo-esposa, maestro-alumno, entre pares, familiares o románticas. Todas las relaciones que son humanas tienen algo de dolor. Lo que hace un mundo de diferencia en nuestra vida es si lidiamos o no con el dolor, eligiendo trabajarlo a fin de mantener la relación de forma responsable.

El matrimonio es una relación. Es muy probable que su pareja le haya decepcionado en el pasado... y lo decepcionará en el futuro. Esa es la vida. Tal vez usted también le ha causado desilusiones a su cónyuge. Una vez que acepte esto, no responderá al dolor como una afrenta personal. Este conflicto inherente en el matrimonio es parte del proceso de lo que llamo *la guerra del amor*.

Si usted está casado, está involucrado en esta guerra del amor. Esto no significa que su cónyuge sea el enemigo y que usted está del lado de la justicia. No, la guerra no tiene que ver con estar en lo correcto o equivocado… tiene que ver con ser como Cristo y buscar la verdad como una oportunidad para crecer.

Los acuerdos del amor son parte de la guerra del amor. Estos acuerdos son armas muy poderosas para que usted las use a fin de ganar la guerra del amor. Como ve, debe entender este principio bíblico poderoso: *Si usted ama, el amor jamás se extingue* (véase 1 Corintios 13:8). Me gusta el hecho de que el amor nunca falla, a pesar de que reconozco que yo puedo fallar. Este conocimiento me da la seguridad de que si puedo amar, aprenderé a fallar cada vez menos y algún día ganaré la guerra del amor.

El amor es la piedra angular del matrimonio. El que ama gana la guerra. Comprometerse a los acuerdos del amor de la fidelidad, la paciencia, el perdón, el servicio, el respeto, la amabilidad y la celebración constituye su estrategia práctica para ganar la guerra del amor.

No hay dudas de que algún día usted se hallará en una batalla para amar en la que se sentirá herido, malentendido, cansado o solo querrá atacar a su cónyuge. Pero por medio de Cristo y debido al amor que usted siente por él y por su cónyuge, así como a través de la realización de sus acuerdos del amor de una manera práctica, medible y rindiendo cuentas, tendrá una mejor probabilidad de ganar que si ignora los asuntos problemáticos de su matrimonio y se esfuerza por guardar el amor de una manera etérea e intangible. Los acuerdos del amor le proporcionan las herramientas para envolver con sus manos su matrimonio y sacarlo de esta guerra del amor.

PREPARE SUS ESTRATEGIAS DE BATALLA

Hay algunas estrategias que usted puede utilizar para tener éxito en su viaje a través de los acuerdos del amor.

Por un momento retrocedamos en la historia hasta un hombre horrible, pero que era un estratega militar brillante. Adolfo Hitler definitivamente fue una persona maligna, movida por motivos muy extraños e impíos. Sin embargo, él introdujo una estrategia militar brillante que casi le permitió conquistar un número ilimitado de naciones.

Quédese conmigo mientras le hablo sobre esta estrategia. Él introdujo la técnica de guerra denominada *blitzkrieg*. Un blitzkrieg era una técnica de guerra sencilla, poderosa y muy efectiva. La misma le permitió al ejército de Hitler golpear a través de Europa conquistando al enemigo dondequiera que las tropas pusieron sus pies. En esencia, esta táctica utilizada por Hitler era un estilo de confrontación opuesto por completo a la táctica de ubicar a las tropas en trincheras para mantener las líneas de batalla. Tal estilo de combate condenaba a los ejércitos a ser prácticamente inútiles.[1] En lugar de eso, Hitler puso a todas las fuerzas armadas, aviones, tanques y soldados concentrados como un rayo láser en una dirección, con un solo frente a la vez, moviéndose en el terreno cual si fuera un brazo limpiando toda una mesa.

Entonces, ¿por qué al final Hitler no ganó? Sencillo... él cambió de estrategia. Al final, dividió sus fuerzas para pelear contra los Estados Unidos e Inglaterra por un lado y Rusia por el otro. Él fraccionó sus recursos y fue derrotado.

¿Qué tienen que ver estos temas de guerra con los acuerdos del amor que hemos descrito en este libro? *Todo*.

Como puede ver, si trata con regularidad de ser más amable o de servir a su cónyuge más a su manera, puede ser que no obtenga resultados a largo plazo. Usted será como los soldados estancados en las trincheras lejos del lugar donde la batalla se está desarrollando. Sus métodos pueden resultar inútiles para lograr las metas que ha establecido para cada uno de los acuerdos del amor. Un plan mucho mejor es trabajar en sus acuerdos del amor con el método del blitzkrieg.

Reúna todo su esfuerzo y enfóquelo en un acuerdo del amor. Suponga que está trabajando en el acuerdo del amor de la amabilidad. Elija una de sus metas ubicada dentro del acuerdo del amor de la amabilidad y permanezca enfocado midiendo su progreso. Sea consistente en su meta hasta que crea que la ha alcanzado. Luego tome otra meta de la amabilidad. Mida esa meta y permanezca usando la técnica del blitzkrieg hasta que haya obtenido cada meta que ha definido para usted.

Entonces verá algunos resultados reales en su guerra del amor. Podrá ver las mediciones registradas como pruebas evidentes de que usted es, de hecho, mucho más amable hoy de lo que era semanas o meses atrás. Sus notas escritas demuestran sus estrategias y las victorias que ha ganado.

Los acuerdos del amor son tácticas blitzkrieg que aseguran su éxito. Usted no está atacando todos los frentes todo el tiempo, sino que ha aislado sus esfuerzos a un solo frente a la vez. Conforme asegura un área como la amabilidad y protege ese terreno exitosamente durante un tiempo, luego podrá moverse al siguiente acuerdo del amor o meta.

De esta manera obtiene la práctica, la disciplina, el enfoque y la determinación que requiere para apoderarse de otro de sus territorios en la guerra del amor.

Debido al cambio de comportamiento de sus viejas *tácticas de trinchera* su cónyuge es forzada a enfrentar una oportunidad de crecimiento. Puede haber ocasiones en que su cónyuge enfrente esta oportunidad con gracia. Pero otras veces su cambio puede crear un conflicto real.

Por ejemplo, suponga que en su matrimonio antes usted no servía bien a su cónyuge en el tema de hacer las cosas en la casa. Su falta de servicio en esta área ha creado un sistema de «táctica de trinchera», causando que su cónyuge guarde resentimiento. También se ha creado una situación generadora de ira en su cónyuge cada vez que ha surgido el tema de su falta de servicio. La vergüenza que tal cosa produjo en usted lo distrajo de cualquier asunto que estuvo tratando de discutir.

Sin embargo, con sus maniobras blitzkrieg, ha estado sirviendo a su cónyuge de modo consistente por varios meses. Ahora usted está ganando la guerra del amor. El contraataque de su cónyuge para intentar avergonzarlo o distraerlo ya no es efectivo. Es obvio que no es verdad que usted no es útil en la casa. Como resultado, su cónyuge ahora tiene una oportunidad para crecer y despojarse del resentimiento y la ira que usted antes le ocasionó.

Puedo recordar una ocasión en que Lisa utilizó el método del blitzkrieg para cerrarme la boca por completo desde entonces. Recuerde que mi esposa es casi perfecta, con muy pocas fallas en general. Al comienzo de nuestro matrimonio, Lisa tenía el hábito de perder las llaves. Los dos desperdiciábamos tiempo una y otra ves buscando su llavero. Así que de forma periódica yo sacaba este tema a colación (vea usted que no soy perfecto). Sin embargo, en una ocasión que saqué este tema en broma, Lisa me desafió a que recordara la última ocasión en que ella había perdido las llaves, y en verdad no pude recordar; debían haber transcurrido años, posiblemente más de cinco, desde la última vez que recordaba que había perdido las llaves.

Ella había utilizado la táctica del *blitzkrieg*. Años atrás había reparado este asunto. Permaneció siendo consistente y de un solo golpe fue capaz de ganar una guerra de amor. No pude decir nada más sobre la pérdida de sus llaves, y desde entonces nunca más lo he traído a colación. El cambio de conducta de mi esposa me enfrentó a una oportunidad de crecimiento.

Es probable que los cambios que usted haga causen algún conflicto… algunas escaramuzas de batalla. El conflicto es inevitable y garantizado en una relación de matrimonio si usted está cambiando de forma activa e intencional sus antiguas «tácticas de trinchera» por las más efectivas «tácticas blitzkrieg». Cuando el conflicto venga, permanezca siendo consistente con paciencia. Su perseverancia es crucial para que definitivamente gane la guerra del amor.

Su consistencia arrojará resultados. En Gálatas 6:9 leemos: «No nos cansemos de *hacer el bien*, porque a su debido tiempo cosecharemos si no nos damos por vencidos» (énfasis añadido). Sus acuerdos del amor cosecharán su producto si usted no se rinde. No puedo pensar en algo mejor que intentar amar a nuestra pareja más que antes. Como en una cosecha, hay un tiempo para plantar y luego otro para recolectar. Como estadounidenses tendemos a desear una «cosecha instantánea». Usted sabe, la clase de cosecha en la que planta la semilla hoy y come de su fruto mañana. Pero por desdicha, Dios no ha creado tal proceso. Una cosecha conlleva tiempo y cuidados.

Tardará un tiempo que su cónyuge confíe en cualquier nuevo comportamiento de su parte. No obstante, conforme se mantenga siendo consistente, su cónyuge comenzará a confiar en este nuevo comportamiento. Para algunas conductas va a tomar un buen tiempo que su cónyuge confíe en que usted en realidad y sinceramente ha cambiado. Pero es al punto de confiar en su nuevo comportamiento que ellos decidirán cambiar o no. Así que sea paciente mientras atraviesa por la guerra del amor.

MANTÉNGALO REAL

Los acuerdos del amor son caminos para un nuevo crecimiento. Y usted no será perfecto durante este camino de crecimiento. *Manténgase en la realidad y evite las trampas del «siempre» y el «nunca»*. Ni usted ni yo somos capaces de ser siempre amorosos o perfectos y de nunca ser imperfectos. Este es un proceso de crecimiento.

Habrá subidas y bajadas durante el proceso. ¿Por qué digo esto? Porque necesitará ser paciente consigo mismo mientras crece. Algunos días tendrá éxito y podrá sentirse genial. En otras ocasiones en la guerra del amor podrá sentirse como un fracaso. Puede haber tratado de ser paciente y amable o de servir, y haber fallado. Así es la vida, y probablemente suceda de nuevo. No se preocupe por perder algunas *batallas* en la guerra del amor… ¡su meta es *ganar* la guerra! Es importante que mantenga su resolución de continuar. Usted será tentado a rendirse, tal como lo fue Jesús.

Estoy seguro de que en algún lugar a lo largo del camino de las falsas acusaciones, los golpes y la crucifixión, Jesús podría haber sido tentado a decir: «¡Suficiente!» Sin embargo, nunca se olvidó de su meta a largo plazo, «el gozo que le esperaba», el cual era para nuestra salvación. Él continuó en la batalla hasta que ganó la guerra. Quiero animarle a permanecer en la guerra del amor porque vale la pena ganarla.

Un área preocupante que podría causar que se canse y desanime es cuando usted comienza a sentirse frustrado porque su cónyuge no aprecia «todos los cambios» que está llevando a cabo. Después de todo, usted en realidad está trabajando duro y comienza a sentir que aunque su cónyuge no cambie, por lo menos debería notar que está haciendo un esfuerzo muy grande.

Esta es una trampa engañosa. Tan pronto como su motivación se mueva de agradar a Jesús y tratar de ser más como él a necesitar el aprecio de su cónyuge, usted puede quedar decepcionado y es probable que se sienta herido y desalentado.

Si deseara que Lisa me alabara por mis obvios esfuerzos, estaría colocando en sus manos el poder de decidir cómo me siento con relación a lo que hago.

Han existido muchas ocasiones en las que en realidad le he servido poniendo a un lado mi agenda para atender sus necesidades. En esas ocasiones, cuando esperaba alabanzas o reconocimientos y no recibía nada, o aun peor, recibía una crítica, pude llegar a sentirme frustrado. Como usted ve, a esas alturas yo había cambiado mi motivación de agradar a Jesús para ubicarme en el juego de recibir alabanzas de parte de Lisa.

Tenía que aprender a hacer de mis acciones algo solo entre Jesús y yo, en vez de que fueran algo entre Lisa y yo. Una vez que lo hice era la aprobación de Jesús lo que buscaba. Cuando fui al sótano y me queje a Jesús diciendo: «Serví todo el día, necesito tu sonrisa», él no solo me sonreía, sino que también me decía que estaba orgulloso de mí. Cuando hacía de mis acciones un asunto entre Jesús y yo solamente, entonces solo él decidía si yo era apreciado o no.

Dios es fiel. A él le encanta cuando sirvo a Lisa con paciencia, amabilidad y fidelidad, en otras palabras, cuando guardo mis acuerdos del amor.

Cuando usted cae en la autocompasión o la frustración, esto por lo general es una señal de que necesita reconocimiento. No mire a su cónyuge para que sea quien llene su copa; mire a Jesús. Oiga su voz. Él sabe cómo derramar alabanza dentro de un corazón honesto que está tratando de amar a su hijo o hija, es decir, a su cónyuge.

SIGA ADELANTE

Usted está a punto de iniciar una fantástica jornada de cambio. Va a comenzar un viaje para llegar a ser más semejante a Cristo de lo que nunca antes lo ha sido. Esta jornada requerirá de giros radicales en su manera de pensar y en su comportamiento.

Ahora está más informado que muchos con relación a cómo cambiar honestamente las dinámicas en su matrimonio. Tiene el poder para decidir si el cambio debe ocurrir. En los acuerdos del amor se le pidió que aceptara cualquier falla que su cónyuge pudiera tener. Y usted aprendió a concentrar su atención en sí mismo para convertirse en el gran influyente de su matrimonio.

Se le ha enseñado el importante principio del poder de la semilla. Sabe que el Espíritu de Dios que mora en su interior ya es fiel, paciente, perdonador, servicial, respetuoso, amable y celebrador. Esta semilla está en usted.

Solo tiene que dejar que dicha semilla brote de usted y produzca el fruto que desea que su cónyuge saboree. Mientras su cónyuge saborea una y otra vez el fruto santo que cuelga de su árbol, empezará a confiar en que habrá una continua cosecha disponible para él o ella.

Los acuerdos del amor le enseñarán este principio decisivo: Crea en su comportamiento. Mientras usted observe su comportamiento, será mucho más intencional y exitoso.

También aprendió la importancia de tener metas específicas que pueda medir de forma consistente. Este es un principio poderoso en su proceso de crecimiento. Mientras aprenda a mantenerse responsable por cada acuerdo del amor, tendrá casi asegurada la victoria.

Eclesiastés 4:9-10 revela el principio de que «más valen dos que uno, porque obtienen más fruto de su esfuerzo. Si caen, el uno levanta al otro. ¡Ay del que cae y no tiene quien lo levante!»

Cuando usted va a la batalla, no va solo. Ningún ejército envía a un soldado solo a la batalla. Una de las primeras cosas que le suceden a un recluta en el campamento de entrenamiento es que se le asigna un compañero de milicia. Su compañero está allí para levantarle si queda herido y viceversa.

Anímese porque este es un gran viaje. Es un viaje en el que no tiene que esperar que su cónyuge vaya a su lado. Usted hace el viaje y tal vez su cónyuge se le una más tarde.

No se desanime; puede que su cónyuge no cambie de inmediato. Si su cónyuge no es intencional en tratar de ser más como Cristo, puede que esto lleve algún tiempo. Es posible que él o ella no vea la necesidad de cambiar y que esté contento con el nivel de parecido a Cristo al que ha llegado con poco esfuerzo. Déjele eso a Jesús. Solo siga adelante de manera práctica e intencional.

Como una águila madre, estoy a punto de empujarle fuera del nido para que vuele. Mientras usted salta y se va, experimentará sus alas espirituales de una manera nueva y grandiosa.

Se elevará en Cristo como en ningún otro tiempo en su vida. Nosotros vivimos en Colorado, y vamos a un lugar en las montañas donde viven las águilas calvas. Mirar el vuelo de un águila calva es sorprendente. Literalmente usted interrumpe todo lo que está haciendo solo para mirar. Detiene el auto a un lado del camino para observar con asombro el vuelo del águila.

Eso es lo que quiere que su cónyuge vea en usted… el vuelo del águila. Déle a él o a ella la oportunidad de ver que la fidelidad, la paciencia, el perdón, el servicio, el respeto, la amabilidad y la celebración se incrementan cada día en su vida.

Su cónyuge necesita tener el tiempo para detenerse y beber de estas experiencias de sus acuerdos del amor. Elévese y déjele observar. Si su cónyuge escoge unírsele en el vuelo, es genial. Si no, usted tiene el poder de aquel que seduce a otros hacia el gran vuelo de volverse más como Jesús.

Que Dios bendiga su vuelo.

Dr. DOUGLAS WEISS

NOTAS

CAPÍTULO 1 — LOS ACUERDOS DEL AMOR

1. Douglas Weiss, *Intimidad: Una guía de 100 días para las relaciones duraderas*, Siloam, Lake Mary, Florida, 2001.

CAPÍTULO 2 — PRETENDAMOS

1. Weiss, *Intimidad*, pp. 231-236.

CAPÍTULO 3 — ACUERDO DEL AMOR #1: FIDELIDAD

1. Weiss, *Intimidad*, pp. 158-168.

CAPÍTULO 5 — ACUERDO DEL AMOR #3: PERDÓN

1. Weis, *Intimidad*, pp. 58-62.

2. Ibid.

3. Los cuatro ejercicios con relación a perdonarse uno mismo, al perdón de Dios y a perdonar a su cónyuge están adaptados de Doug Weiss, *Intimidad: Una guía de 100 días para las relaciones duraderas*, pp. 62-66.

4. Ibid.

5. Ibid.

6. Ibid.

CAPÍTULO 10 — LA GUERRA DEL AMOR

1. Para más información acerca de las tácticas blitzkrieg utilizadas por Hitler en la Segunda Guerra Mundial, vea http://www.spartacus.schoolnet.co.uk/2WWblitzkreig.htm.

PARA OBTENER MAYOR INFORMACIÓN SOBRE EL MINISTE-
RIO DEL DR. WEISS:

Visite su página de Internet en www.drdougweiss.com

E-mail: info@drdougweiss.com

O llame: 719-278-3708

O escriba a: Heart to Heart Counseling Center

[Centro de consejería de corazón a corazón]

5080 Mark Dabling Blvd.

Colorado Springs, CO 80918

DISFRUTE DE OTRAS PUBLICACIONES DE EDITORIAL VIDA

Desde 1946, Editorial Vida es fiel amiga del pueblo hispano a través de la mejor literatura evangélica. Editorial Vida publica libros prácticos y de sólidas doctrinas que enriquecen el caudal de conocimiento de sus lectores.

Nuestras Biblias de Estudio poseen características que ayudan al lector a crecer en el conocimiento de las Sagradas Escrituras y a comprenderlas mejor. Vida Nueva es el más completo y actualizado plan de estudio de Escuela Dominical y el mejor recurso educativo en español. Además, nuestra serie de grabaciones de alabanzas y adoración, Vida Music renueva su espíritu y llena su alma de gratitud a Dios.

En las siguientes páginas se describen otras excelentes publicaciones producidas especialmente para usted. Adquiera productos de Editorial Vida en su librería cristiana más cercana.

Vida

DEDICADOS A LA EXCELENCIA

Una vida con propósito

Rick Warren, reconocido autor de *Una Iglesia con Propósito*, plantea ahora un nuevo reto al creyente que quiere alcanzar una vida victoriosa. La obra enfoca la edificación del individuo como parte integral del proceso formador del cuerpo de Cristo. Cada ser humano tiene algo que le inspira, motiva o impulsa a actuar a través de su existencia. Y eso es lo que usted podrá descubrir cuando lea las páginas de *Una vida con propósito*.

0-8297-3786-3

El poderoso rol
de la esposa

Este es un libro del corazón... la conversación de una mujer con otra. La compresión que estas mujeres ofrecen es digna de ser guardada. Ellas han hecho las mismas preguntas que tú, y han batallado para encontrar las respuestas que tú también buscas. Sus poderosas palabras de sabiduría la ayudarán a entender y animar a su esposo, y la acercarán más a Dios.

987-557-010-9

Famosas parejas
de la Biblia

Richard Strauss presenta de una manera especial la historia de varias parejas: algunas cuyo modelo debería marcar la relación de cada matrimonio y otras cuyo ejemplo debería ser evadido para llegar a conformar un hogar verdaderamente exitoso. En esta obra observaremos relaciones como las que mantuvieron Adán y Eva, Abraham y Sara, Isaac y Rebeca, y David y Betsabé, entre otras.

0-8297-3480-5

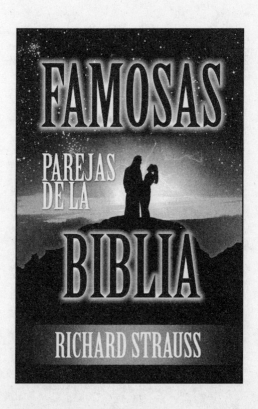

NUESTRO AMOR LLEGÓ PARA QUEDARSE

0-8297-4593-9

El matrimonio está lleno de estaciones cambiantes. Unas llenas de brillantes promesas y otras más retadoras. Los matrimonios fuertes requieren de un sustento diario y un sólido y mutuo compromiso con el Dios que nos permite amar y perseverar. Este libro está diseñado para juntos ayudarse a adorar y considerar la Palabra de Dios. Cada una de estas reflexiones ofrecen consejos prácticos basados en la Biblia que los motivarán a profundizar su relación con Dios y los ayudarán a acercarse como pareja.

Cómo mejorar
mi matrimonio

Este libro nos enseña a entender cómo se elevan las murallas de incomprensión que llevan al divorcio y de qué manera derribarlas, a fin de restaurar los días felices, placenteros y tranquilos de la comunión. *Cómo mejorar mi matrimonio* examina de cerca varias situaciones típicas en las cuales las murallas pueden surgir entre dos personas, y le aconseja al lector cómo darle solución a este problema.

0-8297-3460-0

*Nos agradaría recibir
noticias suyas.
Por favor, envíe sus comentarios
sobre este libro a la dirección que
aparece a continuación.
Muchas gracias.*

EDITORIAL VIDA
7500 NW 25th Street, Suite 239
Miami, Florida 33122

*vida@zondervan.com
www.editorialvida.com*